García   M.   Colombás   OSB

# Lectio Divina -

# Das Herz Gottes

# im Wort Gottes entdecken

García M. Colombás OSB

**Lectio Divina - Das Herz Gottes im Wort Gottes entdecken**

Originaltitel:  **La Lectura de Dios - Aproximación a la lectio divina**

Ediciones Monte Casino • Zamora • 1995
Erschienen in der Reihe: Colección Espiritualidad monástica fuentes y estudios, 6
Neudruck 1995

ISBN 84-85139-49-6
Depósito Legal ZA 179 - 1980
Gedruckt: Ediciones Monte Casino
Ctra. Fuentesaúco, Km. 2 - Zamora 1995
Tel. (980)531607 • Fax (980)534425
Übersetzung aus dem Spanischen: Sr. Mirijam Schaeidt OSB, Benediktinerinnen Trier

Umschlagbild: Hl. Dominikus, 15. Jh., Florenz, Museo S. Marco

Hg. der deutschen Ausgabe: Benediktinerinnen, Köln 2003
Bestellanschrift: Brühler Str. 74, 50968 Köln, Fax: 0221 / 93 70 67 0

Alle Rechte für die dt. Ausgabe liegen beim Herausgeber
Herstellung: Books on Demand GmbH
Benediktinerinnen, Köln 2003
ISBN: 3-8311-4972-0

# Inhalt

# Zum Geleit der deutschen Ausgabe

Als „Jahr der Bibel" wird dieses Jahr begangen. Viele Menschen haben sich in Bibelkreisen zusammengetan, um den biblischen Grundworten christlich gläubigen Lebens in ihrer Gegenwart neu näher zu kommen, viele Veröffentlichungen zur Bibel sind erschienen.

Aber im deutschen Sprachraum fand sich dieses Jahr wie schon viele Jahre nichts zu der schon so alten Übung und Tradition der „Lectio Divina", der in der monastischen Überlieferung eine so große Bedeutung zukommt. Ich weiß, dass viele Gemeinschaften in andern Ländern diese Übung, die wohl wie Vieles lange weithin vergessen und wie eingeschlafen war, für sich wieder entdeckt haben und erneuert leben.

So mag dieses Bibeljahr hierzulande ein Anlass sein, einen hilfreichen Text zur Lectio Divina von García M. Colombás[1] in deutscher Sprache zugänglich zu machen, den Sr. Mirijam Schaeidt aus dem Benediktinerinnenkloster in Trier für uns entdeckte und aus dem Spanischen übersetzte.

Mögen diese Seiten viele aufmerksame Leser finden, besonders in den benediktinischen Klöstern. Sie helfen einen Schatz unserer geistlichen Tradition wahrzunehmen, der unseren eigenen Umgang mit dem zentralen Thema der Bibellesung anfragt und inspiriert. Den Anfängerinnen und Anfängern unter uns kann der Text helfen einen Überblick und eine Richtung zu finden, und den andern sich einmal mehr und neu zu orientieren im Weitergehen.

Johanna Domek OSB

*Wenn die Väter die Bibel lasen, lasen sie nicht Texte,*
*sie lasen den lebendigen Christus und Christus sprach zu ihnen.*
*Paul Evdokimov*

# Vorwort

Der Ausdruck *Lectio Divina* ist zur Zeit modern. Sowohl in den Klöstern als auch in anderen christlichen Gruppen wird er häufig erwähnt. Ist es jedoch klar, was die *Lectio Divina* wirklich bedeutet? Ahnt man die Schätze, die sie enthält, die tiefe spirituelle Resonanz, die sie erwecken kann?

Dieses kleine Werk enthält den kaum überarbeiteten Text einiger Konferenzen, die ich den Schwestern von Santa María de Carbajal und teilweise auch denen von Alba de Tormes gehalten habe. Es war unsere Absicht - die der Schwestern und meine -, ein wahrhaft unerschöpfliches Thema zu vertiefen. Denn *Lectio Divina* heißt 'Lesung Gottes', und Gott vermögen wir niemals zu Ende zu lesen. Als die Kunst, das Herz Gottes zu erforschen, wie Gregor der Große so wunderbar sagt, nimmt die *Lectio* gleichsam an der Unendlichkeit ihres Objektes selbst teil. Je mehr man sich daher mit ihr beschäftigt, umso mehr Vorzüge wird man an ihr entdecken, umso reicher zeigen sich die vielfältigen Seiten, die sie bietet. Und als wir unsere Konferenzen beendet hatten, kam es uns vor, als hätten wir das Thema noch kaum berührt.

Genauso ergeht es mir jetzt, da ich dabei bin, diese in aller Schlichtheit und ohne jedes intellektuelle Gehabe niedergeschriebenen Seiten zu veröffentlichen. Ich fand es nicht angebracht, sie mit Fragestellungen und Anmerkungen zu überladen, sondern wollte möglichst ihren mündlichen, schlichten und geschwisterlichen Charakter bewahren, so wie sie ursprünglich gemeint waren. Als ein Werk zur Erbauung, nicht zur Belehrung, hat es ein durchweg praktisches Ziel: in aller Bescheidenheit zur Wiederbelebung der *Lectio Divina* in ihrem ureigensten Sinn beizutragen. In der Bibliographie beschränke ich mich darauf, die Arbeiten zu zitieren, derer ich mich bedient habe; unter ihnen befinden sich die besten, die zu diesem Thema veröffentlicht wurden. Die Leserinnen und Leser, die sich ausführlicher und präziser mit dem Thema beschäftigen möchten, werden sich ihnen mit Gewinn zuwenden.

Diejenigen, an die diese Konferenzen gerichtet waren, rechtfertigen zum Teil, dass der monastisch-benediktinische Aspekt der *Lectio Divina* - wenn man so will - hervorgehoben wird; teilweise ist dieses Vorgehen auch durch die unbestreitbare Tatsache legitimiert, dass die Mönche und Nonnen sehr bald zu Spezialisten dieser Art von Lesung wurden. Dennoch ist es wichtig, bereits hier nachdrücklich darauf hinzuweisen, dass die *Lectio Divina* weder von den Mönchen erfunden wurde, noch jemals ein monastisches Monopol bildete. Sie gehört allen Christen, - und ich wage zu behaupten, der ganzen Menschheit. Gott schrieb, damit wir alle ihn lesen und niemals müde werden, ihn zu lesen.

Mit brüderlicher und aufrichtiger Dankbarkeit widme ich dieses kleine Werk Mutter María Inmaculada Alonso und den Benediktinerinnen von Santa María de Carbajal und von Alba de Tormes, die so geduldig und aufmerksam zuhörten und in freundschaftlichem Geist über meine Abhandlungen diskutierten, sowie Mutter María Rosario Santiago und den Benediktinerinnen von Zamora, die es in ihre Reihe 'Monastische Spiritualität' aufgenommen haben.

Monasterio de Santa María de Sobrado, 24. Juni 1979

# Anmerkungen zur zweiten Auflage

Gott sei Dank interessiert die *Lectio Divina* auch weiterhin unsere Zeitgenossen, besonders in den Klöstern. Aus Anlass des fünfzehnhundertsten Geburtstags des hl. Benedikt wurden mehrere Umfragen durchgeführt. Ein anonymer italienischer Mönch antwortete auf dem Fragebogen: „Der Mönch ist der Mensch des Horchens, offen für alle Zeichen Gottes, die die Gegenwart bieten kann, selbstverständlich zuallererst für das Wort Gottes in der *Lectio Divina*. In ihr ereignet sich die Begegnung des ganzen Mönches mit Christus, der Wahrheit"[2]. Und der Abt von Poblet fasste die Antworten der benediktinischen und zisterziensischen Gemeinschaften Spaniens folgendermaßen zusammen: „Die grundlegende Berufung des Mönches - des Hörers des Wortes Gottes - drückt sich in der *Lectio* aus. Der Akzent wird darauf gelegt, dass es sich nicht um ein Studium handelt, sondern um eine betende Lesung, die nährt und zum Gebet führt ... Normalerweise bildet die Heilige Schrift die Grundlage für die *Lectio Divina* ... Es handelt sich um eine kritische Forderung unserer christlichen Identität ... Sie bereitet das göttliche Offizium vor und ermöglicht die Vertiefung und Bewahrung des Wortes Gottes während der Arbeit"[3].

Möge dieses kleine Werk den Christen innerhalb und außerhalb der Klöster weiterhelfen, 'das Herz Gottes in den Worten Gottes' zu entdecken und sich darin zu vertiefen!

Zamora, Monasterio de la Ascensión, 4. August 1982

# Vorbemerkungen

## Der Dialog zwischen Gott und dem Menschen

„Adam, wo bist du?" Die Stimme des Allmächtigen erscholl im Paradies. Gott suchte den Menschen, den er als sein Abbild geschaffen hatte. Er wollte mit ihm sprechen, wie alle Tage, wenn er „gegen den Tagwind einherschritt" (Gen 3,8-9). Adam - der Mensch - war seinem Schöpfer gegenüber ungehorsam gewesen und hatte sich versteckt. Die Sünde des Menschen hatte die familiäre Vertrautheit mit Gott, in der er erschaffen worden war, brutal zerstört. Dies möchte uns die Genesis in ihren ersten Seiten sagen.

Der Mensch hatte die Parrhesía verloren, jene herrliche und absolute Freiheit sich auszudrücken, die ihm ermöglichte, mit Gott zu sprechen wie ein Kind mit seinem Vater spricht, wie ein Freund zu seinem Freund spricht. Der Mensch hatte Gott verloren, seinen Schöpfer und Vater, und Gott hatte den Menschen verloren, sein Abbild, sein Kind, seinen Gesprächspartner. Seitdem hört Gott nicht auf, den Menschen zu suchen, und der Mensch muss Gott suchen.

'Gott suchen' ist ein aufreibendes Unterfangen. Es beansprucht das ganze Leben und die ganze Person. Es ist wie die Liebe Gottes: „Höre, Israel, der Herr, unser Gott, ist der einzige Herr. Darum sollst du den Herrn, deinen Gott, lieben mit ganzem Herzen und ganzer Seele, mit all deinen Gedanken und all deiner Kraft" (Mk 12,29-30). Ist denn nicht die Liebe, die in der Liebe gründende Sehnsucht, der Beweggrund unserer Suche? Sind nicht Liebe und Gottsuche zwei miteinander so verwandte Wirklichkeiten, dass sie sich gegenseitig durchdringen?

Gott ist dort zu suchen, wo er ist: in den Menschen, in den Ereignissen, in der Eucharistie, im Innersten unseres Seins … Wo ist Gott nicht? Er ist zweifellos zu suchen im Tun seines Willens:

> Wohl denen, deren Weg ohne Tadel ist,
> die leben nach der Weisung des Herrn.
> Wohl denen, die seine Vorschriften befolgen
> und ihn suchen von ganzem Herzen. (Ps 119,1-2)

Aber die persönliche Gottsuche und die persönliche Begegnung mit Gott ereignet sich im Dialog. Der Dialog - Martin Buber hat es kraftvoll betont - ist der privilegierte Ort, an dem die Sehnsucht des 'wahren Gottes' und die des 'wahren Menschen' aufeinander zulaufen: der wahre Gott, der lebendige Gott, der spricht und mit dem wir sprechen können; der persönliche Gott, der uns die Fülle der personalen Existenz mitteilen möchte und sich erniedrigt, um uns auf seine Ebene zu erhöhen; der wahre Mensch, Abbild Gottes, Erscheinung Gottes, der den unsichtbaren Gott sichtbar macht, der seinen Schöpfer wiederfinden möchte, von dem er sich abgewandt hatte[4]. So überschneiden sich der Durst Gottes, sich im Menschen zu inkarnieren, und der Durst nach Unendlichkeit, der das menschliche Herz bedrängt, der Deus desiderans und der Deus desideratus, wie es die mittelalterlichen Schriftsteller ausdrückten; der Gott, der uns nachläuft, weil er sich nach uns sehnt, und der Mensch, der sehnsuchtsvoll Gott sucht, den er braucht.

Für die antike christliche Tradition besteht der Dialog mit Gott aus zwei Grundtönen: der Lesung und dem Gebet. Bereits Cyprian von Karthago empfiehlt Donatus: „Sei eifrig sowohl im Gebet als auch in der Lesung. Rede du bald selbst mit Gott, bald lass Gott zu dir reden!"[5] Hieronymus sagt vom Anachoreten Bonosus: „Bald hört er Gott, wenn er sich der Lesung der Heiligen Bücher widmet, bald spricht er mit Gott, wenn er zum Herrn betet"[6]. Ambrosius von Mailand schreibt: „Zu Gott sprechen wir, wenn wir beten; wir hören Gott zu, wenn wir seine Worte lesen"[7]. Augustinus sagt im Kommentar zu Psalm 85 (86): „Dein Gebet ist ein Gespräch mit Gott. Wenn du liest, spricht Gott mit dir; wenn du betest, sprichst du mit Gott"[8]. Aber die schönste Formulierung bezüglich des Dialoges zwischen Gott und dem Menschen finden wir bei Hieronymus, der seiner Schülerin Eustochium, der vornehmen römischen Jungfrau, schreibt: „Dein Schatz sei das Innerste deines Hauses, und dort innen ergötze sich mit dir dein Bräutigam: Wenn du betest, sprichst du zu deinem Bräutigam; wenn du liest, spricht er zu dir"[9].

Die gleichen Gedanken kehren bei den antiken und mittelalterlichen Schriftstellern unaufhörlich wieder. So zum Beispiel in einem Brief über die christliche Berufung: „Sprich zu Gott, wenn du betest; höre lesend Gott zu, der zu dir spricht!"[10] Und Bernhard Ayglier, Abt von Montecassino: „So wie wir mit Gott sprechen, wenn wir beten, so spricht Gott mit uns, wenn wir die Heilige Schrift lesen. Daher ermahnt uns Benedikt nicht nur, uns dem Gebet zu widmen, sondern er will auch, dass wir uns mit der Lesung eifrig beschäftigen"[11]. In unseren Tagen hat das Zweite Vatikanische Konzil den Text von Ambrosius zitiert: „Sie sollen daran denken, dass Gebet die Lesung der Heiligen Schrift begleiten muss, damit sie zu einem Gespräch werde zwischen Gott und Mensch; denn ihn reden wir an, wenn wir beten; ihn hören wir, wenn wir Gottes Weisungen lesen"[12]. Der Äbtekongress von 1967 drückte denselben Gedanken aus, wenn auch mit mehr Worten und weniger poetisch als Hieronymus: „Wie alle Getauften, jedoch in einer besonderen Weise, ist der Mönch stets aufmerksam gegenüber dem Wort Gottes, um es zu empfangen, zu bewahren, ihm zu gehorchen und es zu leben, und so in das Heil einzutreten, das es schenkt. Der Mönch lässt dieses Wort im Gebet zu Gott zurückkehren, sowohl im verborgenen als auch im gemeinschaftlichen Gebet"[13].

Was tun letztlich die Mönche nach der Regel Benedikts und der Tradition? Drei Dinge: beten, lesen und arbeiten. Sie arbeiten aus verschiedenen Gründen: weil es der Wille des Schöpfers ist, dass der Mensch arbeiten soll; um den Leib zu üben; weil sie arm sind, freiwillig arm, und sich den Lebensunterhalt verdienen müssen; um ein gutes Gleichgewicht in den alltäglichen Beschäftigungen zu bewahren und den Müßiggang und seine Folgen zu vermeiden; um die Not derer zu lindern, die ärmer sind als sie. Aber offensichtlich ist es zum Arbeiten nicht nötig, in ein Kloster einzutreten oder Eremit zu werden. Das Charakteristische - wenn auch nicht Ausschließliche - des Mönches ist die Verbindung von Lesung und Gebet, d.h. das Ausharren im Dialog mit Gott, den noch nicht einmal die Arbeit unterbrechen darf. „Dem Gebet folgte die Lesung, der Lesung das Gebet", schreibt Hieronymus über Origenes und seine Schüler[14]. Ähnliches geschah in der Wüste und in den Zönobien. Eine der großen Lobreden, die man auf den ersten Mönchsbischof des Westens, Martin von Tours, verfasste, sei hier zitiert: „Es verging keine Stunde und kein Augenblick, die er nicht dem Gebet oder der Lesung widmete; selbst wenn er las oder etwas anderes tat, hörte er nie auf zu beten"[15]. Ein cluniazensischer Mönch behauptete: „In unserem Orden geht man von der Lesung zum Gebet, vom Gebet zur Lesung"[16].

Die Lesung wurde durch eine charakteristische, im Griechischen *'melete'* und im Lateinischen *'meditatio'* genannte Übung ergänzt und fortgesetzt, die normalerweise zugleich Gebet war, wie wir später sehen werden. Lesung und Gebet mündeten zeitweilig in die Betrachtung Gottes und der göttlichen Wahrheiten. Den Spuren des Hugo von St. Victor folgend baute Guigo II., Prior der Großen Kartause, mit diesen Elementen eine vierstufige Leiter, die berühmte 'Scala claustralium': 1. *Lectio* - 2. *Meditatio* - 3. *Oratio* - 4. *Contemplatio*. Guigo II. lehrt, dass die *Lectio* - aufmerksames Studium der Schriften - das selige Leben sucht, die *Meditatio* es findet, die *Oratio* es erfleht und die *Contemplatio* es schmeckt[17]. Die Leiter fand großen Anklang bei den geistlichen Autoren. Viele beziehen sich auf sie oder kommentieren sie. Andere beschränken sich auf die ersten drei Stufen. So schreibt ein anonymer Autor der Zisterzienserabtei Salem: „Die Lesung ist gut; die Meditation besser; das Gebet am besten. Die Lesung erleuchtet den Verstand, die Meditation stärkt den Geist, das Gebet belebt und nährt. Dieses ist das dreifache Seil, das nach Salomon nur schwerlich reißt. Aus diesen drei Dingen besteht das geistliche Leben. Ohne diese drei geistlichen Flügel vermag niemand wahrhaft geistlich zu werden"[18].

Der Mönch tut gut daran, Lesung, Meditation und Gebet nicht als drei aufeinander folgende Stufen anzusehen, sondern als drei Stränge eines einzigen Seiles. In Wirklichkeit handelt es sich bei der Leiter des Guigo, wie bei so vielen anderen, um eine fiktive Leiter. Ihre Stufen folgen nicht aufeinander; es sind friedlich zusammenhängende Elemente. Sie hängen nicht nur zusammen, sie überschneiden sich auch und zeigen derart ähnliche Eigenschaften, dass es oft schwierig ist, sie voneinander zu unterscheiden. Von der engen Verbindung zwischen *Lectio*, *Meditatio* und *Oratio* zeugen die mittelalterlichen Schriftsteller, deren Schriften eine Fülle von biblischen Zitaten und Andeutungen enthalten. Es ist die logische Folge einer bestimmten, damals dominierenden Auffassung von Gebet. Zum Beten ist nichts anderes nötig als lesen, zuhören, wiederkäuen und danach Gott alles zurücksagen, was er uns vorher gesagt hat, nachdem wir zuvor in diese Worte unser ganzes Denken, unsere ganze Liebe, unser ganzes Leben hineingeworfen haben. Auf diese Weise wird das Wort Gottes zum Ort und Medium der Begegnung mit ihm. *Lectio*, *Meditatio* und *Oratio* sind nicht so sehr unterschiedliche Akte, sondern eher verschiedene Haltungen einer einzigen Geste: der Geste des Menschen, der mit seinem Gott spricht, wobei er das geschriebene Wort Gottes vor Augen oder im Gedächtnis hat.


## Das Problem der Lectio Divina

Die *Lectio Divina*, wie Benedikt nach dem Beispiel von Ambrosius, Augustinus und anderen Vätern schreibt - wir finden diesen Begriff bereits bei Origenes: theía anágnosis[19] -, wird von der ganzen Tradition - und vom Äbtekongress des Jahres 1967 - „als eines der geeignetsten und notwendigsten Mittel für das Leben der Mönche angesehen"[20]. Sie macht einen wesentlichen Teil der monastischen conversatio aus, eines der traditionellen charakteristischen Mittel für die Gottsuche. Vielleicht sollte sie sogar als die dem Mönch eigenste geistliche Übung betrachtet werden, auch als diejenige, die die größte Aufmerksamkeit erfordert. Denn nicht immer wird sie richtig verstanden, und viel zu häufig geschieht es, dass man ihr nicht die Bedeutung beimisst, die sie tatsächlich hat.

Wir haben eine Zeit der Erneuerung erlebt - und wir erleben sie noch -, sowohl in der Kirche als auch in unseren Klöstern. Wir sind dabei, unsere Identität zu suchen; wir wollen das sein, was wir sind, so gut es uns möglich ist. Nun aber haben wir von den drei Elementen, die nach Benedikt den Alltag des Mönches bestimmen, zwei erneuert: das göttliche Offizium und die Arbeit; dieser letzten Beschäftigung haben wir im Allgemeinen sogar viel mehr Zeit eingeräumt als ihr zukommt. Und die *Lectio Divina*? Sie wurde zum Aschenputtel. Sie wartet in vielen unserer Klöster noch darauf, dass man ihr wieder den Ehrenplatz gibt, der ihr gebührt und den sie nie hätte verlieren dürfen.

Gottlob ist die *Lectio Divina* seit einigen Jahren ein Thema, das uns beschäftigt und uns Sorgen macht. Es ist Gegenstand von Studienversammlungen, wie beispielsweise dem Symposion in Mount Saint Bernard im Jahre 1975, an dem 39 Zisterzienserinnen und Zisterzienser teilnahmen[21]. Zahlreiche Artikel handeln von ihr, sehen darauf aus sehr verschiedenen Perspektiven. Sie ist Thema von Umfragen an Mönche und Nonnen verschiedener Observanzen. In den Versammlungen monastischer Oberer, angefangen beim bereits genannten Äbtekongress der benediktinischen Konföderation, hat man versucht, ihr Konzept zu verdeutlichen und ihre Praxis zu fördern. Der Generalabt der Zisterzienser der strengen Observanz, Dom Ambrose Southey, hat Weihnachten 1978 der *Lectio Divina* einen Rundbrief gewidmet, in dem er in der seinem Orden eigenen Schlichtheit den Finger auf die Wunde legt und mit unbestreitbarer Treffsicherheit eine kurze und prägnante Lehre bietet, wobei er die großen Linien eines Erneuerungsplanes skizziert[22]. Es würde sich lohnen, diesem Plan unverzüglich zu folgen. Aber es sind nicht nur die Mönche und Äbte, die sich mit erneuertem Interesse mit der *Lesung Gottes* beschäftigen. Selbst in den Dokumenten der 31. Generalversammlung der Gesellschaft Jesu liest man so bedeutende Sätze wie diese: „Die *Lectio Divina*, eine Praxis, die aus den Anfängen des religiösen Lebens in der Kirche überliefert ist, setzt voraus, dass der Leser sich Gott überlässt, der zu ihm spricht und sein Herz umwandelt durch das Wirken des zweischneidigen Schwertes der Schrift, die ihn ständig zur Umkehr herausfordert. Wir dürfen wirklich erwarten, dass die betende Lesung der Schrift unseren Dienst am Wort sowie die geistlichen Exerzitien erneuert"[23].

Aus diesem und ähnlichen Dokumenten ist zu schließen: Die *Lectio Divina* gewinnt wieder mehr an Bedeutung; man sucht sie zu erneuern; man erkennt, dass ihre Praxis einige Schwierigkeiten bereitet … Bedeutend wegen seiner kategorischen Aussagen ist in diesem Zusammenhang das, was der so genannte 'Friedensbund' der benediktinischen Föderation Amerikas sagt[24]: Die *Lectio Divina* „ist dem benediktinischen Leben wesentlich"; die Mönche des hl. Benedikt „sind sich dessen bewusst, dass das moderne Leben es schwierig macht, Zeit und Energie zu finden und die notwendige Entschlossenheit und Disziplin aufzubringen, um der Praxis der heiligen Lesung den Platz zurückzugeben, der ihr gebührt." Aber „sie sind überzeugt, dass nur in ihrer Wiederbelebung die Erfahrung eines sinnvolleren benediktinischen Lebens für sie und ihre Zeitgenossen gemacht werden kann"[25]. Unter den Zisterziensern sind ähnliche Stimmen zu hören. So stellt J. McMurry fest: „Die Notwendigkeit, die Schriften zu erforschen, die Worte der Bibel zu studieren und zu meditieren wird heutzutage immer mehr gesehen, in dieser Zeit der Erneuerung, nicht nur für die Kirche im Allgemeinen, sondern auch im monastischen Umfeld"[26]. Ein anderer Zisterzienser, nachdem er den Satz von Jeremias zitiert hatte: „Dein Wort fasziniert mich", definiert den Mönch als „den Menschen, der sich von vielem freimacht, von Zwängen, Versklavungen, um sich mit dem Wort Gottes zu konfrontieren. Manchmal ist es süß, manchmal bitter, manchmal ist es ein zweischneidiges Schwert …" Und ebenso: Der Mönch ist derjenige, „der in der Kirche schweigt, weil seine ganze kirchliche Aufgabe darin besteht, vom Wort Gottes zu leben"[27]. Im Jahre 1973 sagte der damalige Abtprimas der benediktinischen Konföderation, Rembert Weakland, mit bewundernswertem Optimismus zu den aus aller Welt im Kongress versammelten benediktinischen Oberen: „Was lesen die Mönche in der *Lectio Divina*? Die Antwort ist unveränderlich: die Bibel. Es ist unter uns eine wahre Liebe zur Heiligen Schrift spürbar geworden; der Gewinn durch den häufigen Umgang mit der Heiligen Schrift ist positiv"[28]. Und Jean Leclercq beschloss den kürzlich im 'Dizionario degli Istituti di Perfezione' veröffentlichten Artikel *Lectio Divina* mit folgenden hoffnungsvollen Aussagen: „Die *Lectio Divina* ist für die moderne Psychologie leichter zu praktizieren als die irrationalen Gebetsmethoden des ausgehenden Mittelalters. Sie entspricht besser dem Interesse, das man heute an den christlichen Quellen hat: die Bibel, die Väter, die Liturgie, die das gemeinsame Erbe aller Kirchen ausmachen. Die dogmatische Konstitution 'Dei Verbum' des Zweiten Vaticanums enthält eine Fülle von Gedanken und Begriffen aus der Tradition der *Lectio Divina*, und man kann sagen, dass der ganze letzte Teil derselben Konstitution nichts anderes ist als eine Empfehlung der *Lectio*, der neuere Ordensregeln einen vorzüglichen Platz einräumen"[29].

Dies alles ist wahr und öffnet das Herz zur Hoffnung. Aber es ist auch wahr, dass noch wenigstens zwei Hindernisse zu überwinden sind: ein deutlicher Widerstand gegen die vollkommene Wiederherstellung einer so wesentlichen Observanz und eine ziemliche Verwirrung, was ihr wahres Wesen angeht.

In der Tat ist die Meinung noch sehr verbreitet, die *Lectio Divina* entspreche der Geistlichen Lesung, d.h. einer Lesung, die ex professo über geistliche Themen handelt, ganz gleich aus welchem Buch, und unterscheide sich klar vom Gebet. Außerdem dehnen nicht wenige moderne Autoren den Begriff der *Lectio* maßlos aus. So Augustin Roberts, wenn er schreibt: „Der Gegenstand der *Lectio Divina* ist das Wort Gottes, das den Mönch auf verschiedenen persönlichen und gemeinschaftlichen Wegen erreicht: durch die Heilige Schrift, durch die Kirche, in der Eucharistie und der restlichen Liturgie, durch den Abt und die Brüder, wie auch durch konkrete geschichtliche Ereignisse"[30]. Es war auch nicht zutreffend, weil zu einseitig und ungenau, was der in vieler Hinsicht so verdienstvolle Dom Paul Delatte von der *Lectio Divina* sagte, als er sie beschrieb als „das Gesamt der intellektuellen Vorgänge, mit denen wir uns die Dinge Gottes vertraut machen und uns daran gewöhnen, das Unsichtbare zu sehen"[31]. Es gibt heute auch diejenigen, die das Zeitungslesen oder gar die 'Kontemplation' des Fernsehens als moderne Formen der *Lectio Divina* ansehen.

Die Folgerungen aus dem erwähnten zisterziensischen Symposion in Mount Saint Bernard 1975 erweisen sich als höchst bedeutsam. Die Teilnehmer - ernsthafte, in diesem Gebiet erfahrene Leute - weigerten sich, eine Definition der *Lectio Divina* zu formulieren. Sie wollten ebenso wenig allgemeine und einheitliche Regeln geben, da die persönlichen Voraussetzungen und Bedürfnisse sehr vielfältig seien, wie sie sagten. Sie erkannten, dass unsere Zeit gewisse Vorzüge für die Praxis der *Lectio* bietet, wie eine gründlichere intellektuelle Bildung und bessere Mittel, doch ebenso eine Reihe von Hindernissen: Überfülle an Büchern und Zeitschriften, Desintegration der Spezialisierung, Hektik, persönliche und gemeinschaftliche Spannungen, die den für eine fruchtbare *Lectio* so notwendigen Frieden gefährden … Schließlich - sagt das Symposion - kommt es nicht darauf an, zu wissen, was man lesen soll, sondern warum und wie man lesen soll[32].

Besondere Aufmerksamkeit verdienen die Beobachtungen, die Dom Ambrose Southey im bereits erwähnten Rundbrief aufstellt: „In der vierten Konferenz zum diesjährigen Generalkapitel der Äbtissinnen zeigte ich auf, dass die *Lectio* zur Zeit möglicherweise zu den schwächsten Punkten des Ordens gehört. Dennoch erklärte ich weiter, dass ich damit nicht sagen wolle, unsere Mönche und Nonnen hielten nicht geistliche Lesung, wenn auch hierin Fortschritte gemacht werden müssen, sondern dass die *Lectio* als spezifisch monastische Praxis heutzutage nicht richtig verstanden wird."

Und später: „Heutzutage interessiert sich eine große Anzahl von Mönchen und Nonnen für orientalische Techniken, wie Yoga, Zen, transzendentale Meditation. Diese Methoden können hilfreich sein, um zu einer gewissen Ruhe und inneren Stille zu finden … Aber ich kann nicht umhin zu denken, dass, wenn die *Lectio* im Orden besser verstanden und praktiziert würde, wir diese Techniken als überflüssig erkennen würden"[33].

# Geschichte

Die Tatsache, dass man oft nicht so genau weiß, worin die *Göttliche Lesung* wirklich besteht, erklärt sich daraus, dass sowohl ihr Name als auch ihre Praxis jahrhundertelang in Vergessenheit geraten waren. Heute sind wir dank moderner Untersuchungen in der Lage, ihre Geschichte in großen Zügen kennen zu lernen. Schauen wir sie uns kurz einmal an[34].

## Die Väter

Die *Lectio Divina* wurzelt im Judentum, im Synagogengottesdienst, in der Meditation (hagah) oder Relecture der Bibel, die von den Rabbinen und ihren Schülern praktiziert wurde[35]. Doch erst bei Origenes, dem berühmten alexandrinischen Meister, erscheint die Praxis der *Göttlichen Lesung* (theía anágnosis) klar und vollkommen profiliert.

Origenes, der diese Methode wahrscheinlich von seinen jüdischen Lehrern gelernt hat, hält die *Lectio Divina* für die notwendige Grundlage jeder Form asketischen Lebens, aller geistlichen Erkenntnis und aller Kontemplation. Die Schrift ist in der Tat nicht ein Instrument unter vielen, um im Leben des Geistes voranzuschreiten, noch bildet die Lektüre der Bibel eine bloße Frömmigkeitsübung. Man muss vielmehr sagen: Das geistliche Leben des Christen ist die gelesene, meditierte, verstandene und gelebte Schrift. Die Bibel, zusammen mit der Menschwerdung und der Kirche, ist die vernehmbare Kundgabe der Gegenwart des Logos in der Geschichte, sie ist die Stimme Christi selbst, die sich durch die Kirche an die Gläubigen richtet. Von daher muss jeder treue Christ sich eifrig der *Göttlichen Lesung* widmen. Das Hineinwachsen in das Mysterium Christi auf dem Weg der Schrift geschieht allmählich; und nur nach einer beharrlichen, vom Gebet unterbrochenen Lesung ist ihr tieferes Verständnis möglich[36].

Zu Recht bemerkt Denis Gorce, dass die Väter des Goldenen Zeitalters nichts anderes tun, als die Gedanken des Origenes über die vorrangige Rolle der heiligen Lesung im kontemplativen Leben jeder auf seine Weise und in seinem geschichtlichen und kulturellen Umfeld zu wiederholen[37].

Die Schrift lesen ist nach den Vätern die grundlegende Pflicht jedes Christen. Die Väter wurden nicht müde zu empfehlen: *vacare lectioni, studere lectioni, insistere lectioni*. Man kann sagen, dass die Liturgie als Werk des Gottesvolkes zum großen Teil eine gemeinschaftliche *Lectio Divina* ist: Die Lesung der Schrift wechselt sich mit ihrer Meditation im Psalmengesang und in der Homilie ab. Doch damit sie wirklich der Seele nutzt, muss diese gemeinschaftliche Lesung fruchtbar werden durch die persönliche Lesung, die wie eine Erweiterung des in Gemeinschaft aufgenommenen Wortes Gottes ist. Johannes Chrysostomus, Ambrosius von Mailand, Caesarius von Arles betonten dies nachdrücklich. Was sich in der Kirche ereignet, muss jeder Christ zu Hause weitertun, denn nur so ist es möglich, sich das Wort Gottes anzueignen[38]. Für Gregor den Großen sowie für Origenes ist die *Lectio Divina* keine isolierte Übung im Leben des Christen; in gewisser Weise ist sie das Wesentliche. Denn es wäre nicht übertrieben zu sagen, dass für den großen Papstmönch der vollkommene Christ derjenige ist, der die Schrift zu lesen versteht - vorausgesetzt, er nimmt den Anspruch wahr, den seine Lesung an das ganze Leben stellt[39].

## Die Mönche

Johannes Chrysostomus empörte sich, wenn jemand ihm entgegnete, die Bibel lesen sei Sache von Mönchen. Nein, sagte er, das ist allen eigen, die sich rühmen, Christen zu sein. Selbstverständlich hatte er Recht. Dennoch ist der Einwand bezeichnend: „Ich bin kein Mönch, sondern habe Frau und Kinder und muss mich um mein Haus kümmern"[40]. Oder: „Es ist nicht meine Angelegenheit, die Schrift gründlich zu kennen, sondern derer, die von der Welt getrennt sind und auf den Gipfeln der Berge wohnen"[41]. Die Antwort des Johannes Chrysostomus ist überzeugend: „Gerade das hat alles zugrundegerichtet, dass ihr denkt, die Lesung der göttlichen Schriften stehe nur den Mönchen an, während sie euch notwendiger ist als ihnen. Diejenigen, die sich mitten in der Welt herumschlagen, die Tag für Tag verwundet werden, die brauchen mehr als sonst jemand die Arzneien. Schlimmer als die Schrift nicht zu lesen ist es daher zu behaupten, ihre Lesung sei unnütz. Ein solcher Vorwand ist von satanischer Bosheit"[42]. Die Bibel war dabei, das Buch des Mönches, und der Mönch der Mensch der Bibel zu werden.

Bereits die ältesten Eremiten und Zönobiten praktizierten die *Göttliche Lesung* und lernten lange Passagen der Schrift, oft ganze Bücher auswendig, um sie unablässig zu meditieren. Pachomius, Orsiesius, Basilius, Evagrius Ponticus, alle Lehrer des Mönchtums empfehlen eindringlich die *Lectio Divina*[43]. Cassian, der große Verbreiter der monastischen Spiritualität im Abendland, weist in Anlehnung an Origenes mit Nachdruck auf die Kraft der geistlichen Erneuerung hin, die der unmittelbaren Lesung der Bibel, nicht der ihrer Kommentatoren, innewohnt[44]. Als die Regelverfasser des Zönobitentums dazu kommen, die Lesungen des göttlichen Offiziums von anderen gemeinsam verrichteten Lesungen zu unterscheiden, regeln sie die Praxis der *Göttlichen Lesung*: Sie legen ihre Zeit im Tagesablauf und die zu lesenden Bücher fest.

So ist im 5. bis 6. Jahrhundert die *Lectio* in den Klöstern bereits institutionalisiert; sie nimmt einen bestimmten Platz im Tagesablauf der Gemeinschaften ein. Nach allen Regeln der Zeit widmeten die Mönche an Werktagen mindestens zwei, höchstens drei Stunden der Lesung. Caesarius ordnet an, dass nach den zwei ordentlichen Stunden der Lesung eine Nonne eine weitere Stunde lang laut vorlesen soll, während die anderen arbeiten. Nach einem Zeugnis aus der augustinischen Tradition, dem 'Ordo monasterii', wurde diese Lesung in der Mitte des Tages verrichtet, von der Sext bis zur Non. Nach der Benediktusregel las man nur in der Fastenzeit drei Stunden hintereinander (von 7 bis 10 Uhr morgens ungefähr). Im Sommer lasen sie von der vierten bis zur sechsten Stunde, während der drückenden Hitze also; diejenigen, die es wünschten, konnten auch während der Siesta lesen (eine lange Stunde). Im Winter widmeten die Mönche der Lesung die erste Stunde am Morgen, vom Schluss der Laudes an bis 9 Uhr, und sie nahmen sie nach dem Essen bis zur Komplet wieder auf, ausgenommen jene, die es nötig hatten, den Psalter auswendig zu lernen (vacare psalmis). Der Sonntag war wöchentlich der große Tag der *Lectio Divina*; alle freie Zeit, die das Offizium übrig ließ, war ihr zu widmen. Davon ausgenommen waren diejenigen, die für bestimmte Dienste eingeteilt waren, sowie die 'negligentes' oder 'desidiosi', die sich mit der Lesung oder der Meditation nicht beschäftigen wollten oder konnten. Diesen wurde eine Arbeit zugeteilt, damit sie nicht müßig seien[45].

Um sich der *Lectio Divina* widmen zu können, mussten sowohl Mönche als auch Nonnen lesen können. Bereits in den Regeln des Pachomius wird gefordert, dass jeder Novize lesen lernen möge, „auch wenn er nicht will"[46]. „Alle sollen lesen lernen!", ordnet die 'Regula ad virgines', 18, des Caesarius von Arles. Die gleiche Bestimmung wird wiederholt sowohl in der 'Regula ad monachos', 23, als auch in der 'Regula ad virgines', 26, des Aurelian. Die 'Regula Ferioli', 11, sagt noch feierlicher: „Jeder, der Mönch genannt werden will, hat kein Recht, nicht lesen zu können."

Nach der 'Regula Magistri' wird die *Lectio* folgendermaßen praktiziert: Die Mönche „versammeln sich zu je zehn in Gruppen und hören einem Lektor zu; jeder liest der Reihe nach im einzigen Buch. Zugleich lehrt einer der Litterati die Kinder und Analphabeten lesen; und diejenigen, die das Psalterium noch nicht können, üben sich im Rezitieren"[47]. Benedikt hingegen möchte, dass jeder Mönch sein Buch habe und sich dort hinsetze, wo es ihm am besten scheint, um sich der Lesung zu widmen (RB 48,15). Aus welchem Grund? Ein Grund liegt auf der Hand: weil die Menschen damals gern mit lauter Stimme lasen. Sie lasen normalerweise nicht nur mit den Augen, sondern auch mit dem Mund und mit den Ohren, wobei sie den Worten lauschten, die sie aussprachen. Dies schließt jedoch nicht aus, dass sie die Einsamkeit suchten, um mit mehr Sammlung zu lesen und zu beten. Die Tatsache, dass Benedikt jedem ein Buch gab, zeigt deutlich, dass für ihn die *Göttliche Lesung* eine zutiefst persönliche Angelegenheit war; die gemeinsamen Lesungen wurden zu anderen Zeiten verrichtet. Allerdings bestimmte man einen oder zwei Ältere, die während der Lesung im Kloster umhergingen und schauen sollten, ob ein 'acediosus' sich dem Müßiggang und dem Geschwätz hingab, anstatt sich der *Lectio* zu widmen (RB 48,17-18). Während der Siesta im Sommer sollten diejenigen, die lesen wollten, es für sich (sibi) tun, damit sie die anderen nicht störten. Demzufolge lasen sie im Dormitorium, während die anderen schliefen oder zu schlafen versuchten (RB 48,5).

Die Mönche des Mittelalters blieben der Praxis der *Lectio* treu, zumindest bis zu einem gewissen Grad. Einige Texte vermitteln allerdings den Eindruck, dass die *Göttliche Lesung* allmählich an Kraft verlor, ihre Form veränderte und eine andere Form anzunehmen begann, ja sogar in Vergessenheit geriet, jedenfalls in einigen Kreisen. Sie befand sich am Beginn eines bedauerlichen Verfalls, trotz einiger lobenswerter und herausragender persönlicher und kollektiver Ausnahmen - Anselm, Rupert von Deutz, Peter von Celle und so vielen anderen, sowie vor allem die ersten zisterziensischen Generationen - und ungeachtet dessen, dass die so genannte 'monastische Theologie' sich von der *Lectio Divina* nährte[48].

## Dekadenz

Es ist eigenartig festzustellen, wie seit dem Ende des 12. Jahrhunderts, des Goldenen Zeitalters der mittelalterlichen monastischen Spiritualität, der Ausdruck immer seltener wird; er wird nur noch hier und da von einem mystischen Schriftsteller gebraucht. Und nicht nur der Ausdruck *Lectio Divina* verschwindet. In der Epoche der 'devotio moderna' finden die geistlich strebenden Menschen zu einer Gebetsform, die sie ablöst: das 'innere Gebet', eine Übung, die von dem, was man später 'geistliche Lesung' nennen wird, unabhängig ist. In dieser Zeit des Übergangs wird die Lesung zu einer eigenständigen, spezifischen, nicht auf das Gebet ausgerichteten geistlichen Übung. Darauf entfernt sie sich nach und nach auch von der Heiligen Schrift. Es bildet sich die säuberliche Unterscheidung zwischen Studium, d.h. intellektueller oder theologischer Lesung, und 'geistlicher Lesung', einer frommen Übung ohne den Nerv und die Herausforderung der *Lectio Divina*. Zudem beruhte sie im Gegensatz zu dieser eher auf populärer Hagiographie, Anleitungen zum christlichen Leben und Meditationswerken. Nur sporadisch erlangt die Schrift bei einigen Autoren wie Johannes Eudes und in gewissen religiösen Kreisen wieder einen bevorzugten Stellenwert. Unter den Mönchen und Nonnen, vor allem in manchen benediktinischen Reformen, blieb gleichwohl immer zumindest eine Spur von dem, was in vergangenen Zeiten die *Lectio Divina* gewesen war[49].

## Erneuerung

Zwei Bücher trugen besonders dazu bei, den Ausdruck *Lectio Divina* mitten im 20. Jahrhundert wieder zu erwecken: das von Dr. Denis Gorce[50], das allerdings nur von Hieronymus handelt, da es nicht fortgesetzt wurde, und das Buch von Dom Usmer Belière[51], das ein Kapitel über die *Lectio Divina* enthält. Doch der Begriff sprach sich erst in den vierziger Jahren im Zuge der Entwicklung der liturgischen Bewegung innerhalb und außerhalb der Klöster wirklich herum. Eine Studienreihe zur Bibel, die der Verlag du Cerf 1946 herauszugeben begann, trug bezeichnenderweise den Titel *Lectio Divina*. Schließlich bestätigte und förderte das Zweite Vatikanische Konzil in seinem Dekret 'Dei Verbum', 25, mit dem ganzen Gewicht seiner Autorität die Erneuerung der *Göttlichen Lesung*: „Ebenso ermahnt die Heilige Synode alle an Christus Glaubenden, zumal die Glieder religiöser Gemeinschaften, besonders eindringlich, durch häufige Lesung der Heiligen Schrift sich das 'alles übertreffende Wissen Jesu Christi' (Phil 3,8) anzueignen. 'Die Schrift nicht kennen heißt Christus nicht kennen'[52]. Sie sollen deshalb gern an den heiligen Text selbst herantreten … Sie sollen daran denken, dass Gebet die Lesung der Heiligen Schrift begleiten muss, damit sie zu einem Gespräch werde zwischen Gott und Mensch; denn 'ihn reden wir an, wenn wir beten; ihn hören wir, wenn wir Gottes Weisungen lesen'[53]." Und im Dekret 'Perfectae Caritatis', 6, wiederholt das Konzil in Bezug auf die Ordensleute: „Täglich sollen sie die Heilige Schrift zur Hand nehmen, um durch Lesung und Betrachtung des Gotteswortes 'die überragende Erkenntnis Jesu Christi' (Phil 3,8) zu gewinnen." Wie gewiss bemerkt worden ist, sprach das Konzil im ersten Text vom eifrigen Lesen der Schrift; im Letzten hingegen vom täglichen Lesen.

# Das Buch der Gottsucher

## Der Gegenstand der 'Göttlichen Lesung'

Wenden wir uns jetzt dem Begriff *Lectio Divina* selbst, ihrem Gegenstand, ihrer Natur, ihren wichtigsten Eigenschaften zu.

*Lectio* - wörtlich übersetzt 'Lektüre' - ist ein zweideutiges Substantiv; es kann sowohl die Tat des Lesens meinen als auch den Text, der gelesen wird. 'Divina' ist ein das Wort *Lectio* qualifizierendes Adjektiv und heißt 'göttlich', 'Gottes'. Der Ausdruck *Lectio Divina* bedeutet also wörtlich *'Göttliche Lesung'*, *'Lesung Gottes'*. Das heißt, es geht um eine Lektüre, deren Objekt Gott ist. Man liest Cervantes, man liest Marx; in der *Lectio Divina* liest man Gott. Denn Gott ist Autor eines Buches, oder besser, einer Bibliothek, der Reihe von Schriften verschiedener Gattungen, die das Alte und Neue Testament bilden. Gregor der Große nennt die Schrift 'Scripta Dei' (Schriften Gottes), 'scripta Redemptoris nostri' (Schriften unseres Erlösers) und sieht sie als einen Brief an, den Gott uns geschickt hat[54].

Die Bibel enthält das geschriebene Wort Gottes. Von daher kann der unmittelbar eigene Stoff der *Lectio Divina* kein anderer sein als die Schrift. Nur weil ihr Objekt das in der Bibel enthaltene Wort Gottes ist, darf sie *'Göttliche Lesung'*, *'Lesung Gottes'* genannt werden. Ein kluger Kritiker, A. Mundó, bemerkte, dass die alten Mönche im Unterschied zu vielen modernen Mönchen der *Lectio Divina* eine sehr klar umrissene Bedeutung gaben. Sie verstanden darunter „die Lesung des in den Büchern der Heiligen Schrift enthaltenen Wortes Gottes und als Ergänzung die Kommentare derselben"[55]. Nur als Ergänzung, als Hilfe, insofern sie zum besseren Verständnis der Schrift beitrugen, waren die Kommentare der Kirchenväter als Stoff für die *Lectio Divina* zugelassen.

Da die Bibel eigenes Objekt der *Lectio Divina* war, nahm diese ihre spezifische Form an, denn man kann Gott nicht lesen, wie man irgendeinen Autor liest. Die *Lesung Gottes* kann nicht so sein wie irgendeine andere Lektüre. In dem Maße, wie im Laufe der Zeit persönliche Erfahrungen in der Begegnung mit dem Wort Gottes gesammelt wurden, in dem Maße, wie das Tun der Menschen offenbar wurde, die sich dem Einfluss des Wortes ausgesetzt hatten, um in seine unergründlichen Tiefen einzudringen, es zu verkosten, es sich anzueignen und in die Tat umzusetzen, zeichneten sich allmählich die verschiedenen charakteristischen Züge ab, die die *Göttliche Lesung* ausmachen.

## Gott ist in der Bibel gegenwärtig

Pelagius und die 'Regel der vier Väter' gebrauchen nicht den Ausdruck *Lectio Divina*, sondern bedienen sich eines anderen entsprechenden Ausdrucks: 'vacare Deo', 'frei sein für Gott'. Denn, wie A. de Vogüé bemerkt, „die Bibel öffnen heißt, Gott finden"[56]. Es ist ein treffender Satz, wie auch der von G. Bessière, wenn er die Schrift 'das Buch der Gottsucher' nennt[57]. Wenn Gott in der Bibel gegenwärtig ist, kann das Ziel der *Lectio Divina* kein anderes sein als 'die Gottsuche in seinem geschriebenen Wort', wie die Benediktineräbte im Kongress von 1967 erklärten[58], oder, wie Yeomans in einem Wortspiel sagt, „die ehrfürchtige, fromme Suche des WORTES im Wort"[59].

Da 'die Bibel öffnen, Gott finden' heißt, versteht es sich, dass die Gottsucher leidenschaftlich nach der Bibel verlangten. So widerfuhr es den Mönchen, die von Berufs wegen als Gottsucher galten. Von den Ursprüngen an genoss die *Lectio* unter den Mönchen ein unvergleichliches Ansehen - bis sie im ausgehenden Mittelalter im Zuge der großen Dekadenz der Klöster allmählich aufgegeben und später von der Geistlichen Lesung ersetzt wurde. Die Lesung und Meditation der Schrift wurde von unzähligen Generationen von Mönchen eifrig vollzogen und zählte zu den wesentlichsten und am meisten geschätzten Beschäftigungen. Die Bibel war für sie nicht nur die höchste Lebensregel, ein Spiegel, in dem sie sich anschauten, das Erbauungsbuch par excellence, die Nahrung der Seele - ein so nahrhaftes Mahl, dass nach Johannes Chrysostomus zuweilen ein einziges Wort aus der Schrift 'als Nahrung für den ganzen Lebensweg' genügt[60] -, sie war nicht nur „ein geschützter Hafen, eine unüberwindliche Mauer, ein niemals wankender Turm, eine unverlierbare Ehre, eine nie versagende Waffe, eine ewige Sicherheit, ungetrübte Freude und alles sonst noch erdenklich Gute", wie Basilius von Caesarea sagt[61]; sie war nicht nur „göttliches Heilmittel gegen die Wunden der Seele, schützender Schild gegen die Angriffe des Feindes, das Handwerkszeug für den Christen, ein unerschöpflicher, nicht zu begrabender Schatz", wie Johannes Chrysostomus sagt[62]; „Brot des Lebens, berauschender Wein, Kraft in der Anfechtung, Licht in der Nacht und verzehrendes Feuer", wie Gregor des Große sich ausdrückt[63]; sie war auch und vor allem ein bevorzugter Ort der Begegnung mit Gott. „In den Schriften", schrieb Origenes, „betrachten wir mit enthülltem Angesicht die Herrlichkeit des Herrn"[64]. Die Bibel ist 'das Buch der Betrachtung Gottes', wie der Biograph des hl. Odilo von Cluny versichert[65].

Es sind keine frommen Übertreibungen. Gott persönlich spricht, offenbart sich in der Bibel. Das Wort ist die Vollform menschlicher Kommunikation. Wir können in verschiedenen Weisen miteinander kommunizieren: ein Blick, ein Zeichen … Aber nur das Wort kann präzise, im Detail, ausführlich ausdrücken, was ausgedrückt werden kann. In der Sprache verwirklicht sich die erhabene menschliche Offenbarung. Nun wählt auch Gott diese Art der Kommunikation, um sich dem Menschen mitzuteilen. Formal besteht darin die übernatürliche Offenbarung. In der Schöpfung und im Regieren des Universums zeigt sich eine natürliche Offenbarung: Gott erweist sich als mittelbar erkennbares Gegenüber. In der übernatürlichen Offenbarung hingegen teilt Gott sein Inneres mit, wie eine Person einer anderen Person ihre Gedanken mitteilt: durch die Sprache, genau gesagt: In der Heiligen Schrift spricht Gott unmittelbar zu uns, denn die Schrift ist formal unbedingt das Wort Gottes.

Die Bibel ist 'das Buch der Gottsucher'. „In den Heiligen Büchern kommt ja der Vater, der im Himmel ist, seinen Kindern in Liebe entgegen und nimmt das Gespräch mit ihnen auf"[66]. „Die Bibel öffnen heißt, Gott finden."


## Christus ist in der Bibel gegenwärtig

'Die Bibel öffnen heißt, Christus finden', könnte man ebenfalls sagen. Die Väter waren davon überzeugt. Und das Zweite Vaticanum lehrt, dass Christus „gegenwärtig ist in seinem Wort, da er selbst spricht, wenn die heiligen Schriften in der Kirche gelesen werden"[67].

Bei Hieronymus findet sich ein berühmter Satz: „Ignoratio scripturarum, ignoratio Christi est" - 'Die Bibel nicht kennen heißt, Christus nicht kennen'[68]. Christus ist in der Bibel gegenwärtig. Paul Evdokimov schreibt: „Man könnte sagen, dass für die Väter die Bibel Christus ist, denn jedes ihrer Worte führt uns zu dem, der sie gesprochen hat und versetzt uns in seine Gegenwart ... Wir verzehren 'eucharistisch' das geheimnisvoll gebrochene Wort im Hinblick auf die Communio mit Christus." Alle Kirchenväter weisen auf die bestehende innere Beziehung zwischen Bibel und Eucharistie hin: Clemens, Origenes, Augustinus, Johannes Chrysostomus, Hieronymus ... „Wenn die Väter die Bibel lasen, so lasen sie nicht Texte, sondern den lebendigen Christus, und Christus sprach zu ihnen; sie verzehrten das Wort wie das eucharistische Brot und den Wein, und das Wort gab sich mit der Tiefe Christi hin"[69].

Die Schriften sind das Fleisch und das Blut Christi. „Ich glaube", sagt Hieronymus, „dass das Evangelium der Leib Christi ist ... Und wenn die Worte 'Wer mein Fleisch nicht isst und mein Blut nicht trinkt' auch im Hinblick auf das Mysterium (der Eucharistie) verstanden werden können, so sind doch die Schriften, die göttliche Weisung, wahrhaft der Leib und das Blut Christi"[70]. Und an einer anderen Stelle: „Es ist unsere Aufgabe, die Adern und das Fleisch der Schriften selbst zu kennen"[71]. Gregor der Große sagte mit beeindruckendem Realismus zum Volk: „Ihr, die ihr gewohnt seid, an den göttlichen Mysterien teilzunehmen, wisst wohl, wie notwendig es ist, mit großer Behutsamkeit und Ehrfurcht den Leib unseres Herrn zu bewahren, den ihr empfangt, um kein Partikel davon zu verlieren, damit nichts von dem, was konsekriert ist, auf die Erde falle. Meint ihr denn, es wäre ein geringeres Verbrechen, mit dem Wort Gottes, das sein Leib ist, nachlässig umzugehen?"[72]

Der Vergleich Schrift - Eucharistie ist, wie gesehen, konstant in der christlichen Tradition. Beide enthalten das Wort Gottes. P. Congar bemerkte: „Wenn der Mensch nicht nur von Brot lebt, sondern von jedem Wort, das aus dem Munde Gottes kommt, dann ist die Bibel, wie die Eucharistie, das Brot des Lebens, das vom Himmel herabgekommen ist. Und wenn Gott wirkt, um uns mit sich in den Sakramenten der Kirche zu vereinen, dann wirkt er auch, und nicht weniger, im Sakrament seines Wortes. Die Eucharistiefeier besteht aus zwei Teilen: Eucharistie und Wort Gottes, und beide zusammen bilden ein vollständiges Sakrament. In der Bibel wie in der Eucharistie finden wir das wahre Brot ewigen Lebens, von dem sich diejenigen ernähren müssen, die eingeladen sind, über diese

Welt hinaus zu leben in das Leben Gottes selbst." Das Zweite Vaticanum hat diese innere Beziehung zwischen Schrift und Eucharistie betont - und gewissermaßen geheiligt -, wenn es sagt: „Die Kirche hat die Heiligen Schriften immer verehrt wie den Herrenleib selbst, weil sie, vor allem in der heiligen Liturgie, vom Tisch des Wortes Gottes wie des Leibes Christi ohne Unterlass das Brot des Lebens nimmt und den Gläubigen reicht"[73]. Und ferner: „Wie durch die eifrige Teilnahme am eucharistischen Mysterium das Leben in der Kirche sich entfaltet, so ist von der wachsenden Verehrung des Wortes Gottes, das ewig währt, ein neuer Impuls für das geistliche Leben zu erwarten"[74].

## Das Wesen der Lectio Divina

Gott sprach unmittelbar zu auserwählten, privilegierten Menschen. Und durch sie spricht er zu seinem ganzen Volk, zur ganzen Menschheit. Diese Menschen waren, im weitesten Sinn des Wortes, die Propheten. Die Propheten waren sich dessen klar bewusst, dass Gott sich ihnen mitteilte - in verschiedenen Weisen, je nach Situation, wann er wollte und wie er wollte. Sie empfanden, dass Gottes Wort sich ihrer bemächtigte, ihnen bisweilen sogar Gewalt antat. Anderen - besonders den Weisen Israels - erschloss sich das Wort auf Wegen, die der gängigen Psychologie offenbar näher standen. Propheten und Weise vermittelten uns, in unmittelbarem Austausch mit dem lebendigen Gott, eine göttliche Botschaft. Gott sprach durch seine Vermittler. Durch Propheten und Weise tat Gott im Laufe der Zeit seinen Willen kund, offenbarte den Sinn alles Geschaffenen und des Lebens, verhieß die Zukunft und kündigte sie an. Gott war dabei, sich selbst zu offenbaren. Diese Offenbarung erreichte ihren Zenit in Jesus Christus. „Viele Male und auf vielerlei Weise hat Gott einst zu den Vätern gesprochen durch die Propheten; in dieser Endzeit aber hat er zu uns gesprochen durch den Sohn, den er zum Erben des Heils eingesetzt hat und durch den er auch die Welt erschaffen hat" (Hebr 1,1-2). Als wirkende Macht, als offenbarendes Licht, identifiziert sich Jesus als Sohn mit dem Wort Gottes, ja er selbst ist das Wort Gottes.
In der göttlichen Bibliothek begegnen wir dem Wort Gottes. Die Gottsucher haben ihr Buch: die Heilige Schrift. In der Bibel finden sie Gott. Denn die Bibel ist der Ort, den Gott selbst erwählt hat, um dem Menschen zu begegnen. Dietrich Bonhoeffer hat diesbezüglich wunderschöne Zeilen

geschrieben: „Wenn ich es wäre, der festzulegen hätte, wo Gott zu finden ist, würde ich immer einen Gott finden, der mit meinem Verhalten einverstanden ist. Aber wenn Gott es ist, der den Ort der Begegnung bestimmt, so wird es kein Ort sein, wo der menschlichen Natur geschmeichelt wird, kein Ort nach meinem Geschmack. Dieser Ort ist das Kreuz Christi, und jeder, der ihn finden will, muss an den Fuß des Kreuzes kommen, wie es die Bergpredigt fordert. Dies gefällt unserer Natur ganz und gar nicht, vielmehr ist es ihr gänzlich entgegengesetzt. Doch das ist die biblische Botschaft, nicht nur im Neuen Testament, sondern auch im Alten. Und ich würde euch gern eine persönliche Mitteilung machen: Seitdem ich die Bibel als den Ort der Begegnung mit Gott ansehe, den Ort, den Gott mir anbietet, um ihn zu finden, schreite ich alle Tage von Herrlichkeit zu Herrlichkeit fort. Ich lese sie morgens und abends und oft meditiere ich während des Tages einen Text, den ich für die Woche ausgewählt habe und versuche mich in ihn zu vertiefen, um wirklich verstehen zu können, was uns in ihm gesagt wird. Ich bin überzeugt, ohne dies könnte ich nicht wahrhaft leben und gewiss nicht glauben …"[75]

Hierin besteht, mit den Worten unserer Zeit gesagt, die *Lesung Gottes*. Denn zweifellos kann nicht irgendeine Art von Bibellektüre als *Lectio Divina* bezeichnet werden. Ein oberflächliches Überfliegen ihrer Seiten etwa, aus purer Neugierde, ohne ein wahres Interesse an ihr zu haben, ist nicht *Göttliche Lesung*. Auch das Erforschen der Bibel um des Studiums willen ist es nicht. Lesen, zuhören, bewahren, vertiefen, das in der Heiligen Schrift enthaltene Wort Gottes leben, glaubend und liebend sich ihm anheim geben, darin besteht im Wesentlichen die *Lectio Divina*.

# Gott hat gesprochen, Gott spricht zu mir

### Durchdrungen von Glauben

Die erste und grundlegende Eigenschaft der *Lectio Divina* besteht in dem Glauben, der sie beseelt. Wie wäre es möglich, 'Gott zu lesen', ohne einen lebendigen und radikalen Glauben, dass Gott sich im geschriebenen Wort mitteilt, dass der letzte, wesentliche und wahre Autor der Bibel Gott selber ist?

Es genügt jedoch nicht, davon überzeugt zu sein, dass Gott sich im geschriebenen Wort mitgeteilt und ausgesprochen hat. Wir müssen uns entscheiden zu glauben, dass Gott weiterspricht. Wir lesen seine Worte nicht, wie man die Worte eines längst verstorbenen Schriftstellers liest. Gott ist nicht tot. Er ist der lebendige Gott! Sein Wort lebt! Denn „lebendig und kraftvoll ist das Wort Gottes", sagt der Hebräerbrief (vgl. Hebr 4,12). „Die Bibel öffnen heißt, Gott finden." - „In den Heiligen Büchern kommt der Vater, der im Himmel ist, seinen Kindern in Liebe entgegen und nimmt das Gespräch mit ihnen auf." - „Christus ist in seinem Wort gegenwärtig." - Ohne dies fest zu glauben, ist die wahre *Lesung Gottes* völlig unmöglich.

Gott ist in der Schrift gegenwärtig, Christus ist in der Schrift gegenwärtig. Deswegen schrieb Paul Giustiniani, der Reformator der Kamaldulenser: „Der Mönch muss sich dem Wort annähern, nicht zur Unterhaltung, nicht zum Studieren, sondern wie wenn er zum Altar Gottes hinaufsteigt, in großer leib-seelischer Bereitschaft, in tiefster Ehrfurcht"[76].

### Persönliche Lesung

Gott hat gesprochen; Gott spricht; Gott spricht zu mir. Er wendet sich an mich persönlich, hier und jetzt. So dachten die alten Mönche, 'Profis' in der *Göttlichen Lesung*. Sie waren davon überzeugt, dass in jedem Wort, das in der Hl. Schrift enthalten ist, Gott selbst sein Wort an jeden der Leser richtet, zu dessen Erlösung und Heiligung. Als 'Wissenschaft der Erlösung', die die Bibel für sie war, glaubten sie ohne den geringsten Zweifel: Alles in ihr hat einen persönlichen, aktuellen Wert, sowohl für das gegenwärtige Leben als auch im Hinblick auf das Ewige Leben.

Gott richtet an jeden seiner Leser eine persönliche, einzigartige Botschaft. Diese persönliche Botschaft ist eingebettet in die große universelle, an alle Menschen gerichtete Botschaft. Der heilige Gregor hat es verdeutlicht. „Gott", so sagt er, „hat uns alles gesagt. Er hat einmal gesprochen, und es genügt. Wir müssen auf keine andere Offenbarung warten. Gott erfüllt das Herz jedes Einzelnen nicht durch private Offenbarungen, denn er hat ein Wort bereitet, das alle Probleme lösen kann. Wenn wir zu suchen verstehen, werden wir im Wort seiner Schrift wirklich Antwort finden auf jede Not, die uns bedrängt … Um nur ein Beispiel zu nennen: Wenn wir wegen irgendeines Leidens oder einer körperlichen Krankheit traurig sind, finden wir Erleichterung, sobald wir die verborgenen Ursachen kennen. Da wir nicht auf jede Prüfung eine eigene Antwort bekommen, wenden wir uns an die Heilige Schrift. Dort sehen wir einen Paulus, der, versucht durch die Schwäche des Fleisches, diese Antwort hört: 'Meine Gnade genügt dir; denn sie erweist ihre Kraft in der Schwachheit' (2 Kor 12,9). Gott hat in die heilige Schrift alles aufgenommen, was einem jeden geschehen kann, und hat uns als Hilfe die Beispiele jener gegeben, die uns vorangegangen sind"[77]. Eine bewundernswerte Lehre über die Aktualität des Wortes Gottes.

Natürlich ist Gott nicht in der Bibel gefangen geblieben. Gott ist ein lebendiger Gott, der spricht „bald durch die Schrift, bald durch eine verborgene Eingebung". Aber die Norm aller 'verborgenen Eingebung' ist die Bibel. „Es ist leicht, in einen Irrtum zu verfallen, wenn man das, was man in der verborgenen Kontemplation wahrgenommen hat, nicht mit der eminenten Wahrheit der Bibel zu konfrontieren versteht" - soweit Gregor der Große[78].

Die *Lesung Gottes* hilft, die große, an alle Menschen gerichtete Botschaft als persönliche Botschaft an den Einzelnen wahrzunehmen und zu verinnerlichen. Sehr präzise hat David Stanley gesagt: „Durch meine Reaktion des Glaubens, der Liebe und der Hoffnung wird das Mysterium zu einem Ereignis für mich. Es geschieht mir"[79]. Es heißt in einem antiken christlichen Dokument: „… der sich uns wie neu erweist, den wir als von Alters her existierend entdecken und der täglich in den Herzen der Frommen wiedergeboren wird"[80]. Das Ziel der *Lectio Divina* ist in Wahrheit das, was Ignatius ein 'inneres Erkennen des Herrn' nennt, „der für mich Mensch geworden ist, damit ich ihn mehr liebe und ihm nachfolge"[81]. Das Volk Israel hatte - wie der Autor des Deuteronomium sehr schön zum Ausdruck bringt - einen tiefen Sinn dafür, dass in den Schriften die Ereignisse der Vergangenheit zu einer Erfahrung der Gegenwart werden. Obgleich er sein Buch 500 oder 600 Jahre nach dem Bundesschluss auf dem Berg Sinai schrieb, versteht er es, Mose durch die Jahrhunderte hindurch zu den Zeitgenossen (des Autors) redend darzustellen: „Höre, Israel, die Gesetze und Rechtsvorschriften, die ich euch heute vortrage … Der Herr, unser Gott, hat am Horeb einen Bund mit uns geschlossen. Nicht mit unseren Vätern hat der Herr diesen Bund geschlossen, sondern mit uns, die wir heute hier stehen, mit uns allen, mit den Lebenden" (Dtn 5,1-3). Gerade dafür ist die *Lectio Divina* geschaffen worden: um in mir als Glied des Volkes Gottes eine ähnliche, gegenwartsbezogene und persönliche Atmosphäre zu schaffen.

Weiter sagt P. Stanley: „Folglich (und das ist der zweite Schritt) muss im Glauben der bereits entdeckte wörtliche Sinn reflektiert werden, um zu hören, was der auferstandene Christus mir durch seinen Geist sagt, wenn ich zu gegebener Zeit einen Abschnitt lese"[82]. Es geht darum, Christus zuzuhören, um ihm den 'Glaubensgehorsam' zu schenken (Röm 1,5). *Lectio Divina* bedeutet, sich in Christus vor Gott zu stellen. Was sagt mir Gott heute in diesem Abschnitt der Bibel? „Öffnen wir unsere Augen dem göttlichen Licht und hören wir mit aufgeschrecktem Ohr, wozu uns die Stimme Gottes täglich mahnt und ruft" (RB, Prol. 9).

Das Beispiel des hl. Antonius veranschaulicht diese Lehre. Antonius war bekanntlich ein junger Kopte, gütig und fromm. Eines Tages, als er sich gerade zur Kirche begab, dachte er auf dem Weg über die Lebensweise der ersten Christen in Jerusalem nach, so wie sie die Apostelgeschichte schildert. Sie bildeten eine wunderbare Gemeinschaft: Sie verharrten in der Lehre der Apostel, im Brechen des Brotes und im Gebet; alles besaßen sie gemeinsam; sie hatten nur ein einziges Herz und eine einzige Seele … Antonius kam spät zum Gottesdienst; es wurde bereits das Evangelium des reichen Jünglings verkündet: „Wenn du vollkommen sein willst, geh, verkaufe alles, was du hast, gib es den Armen und du wirst einen Schatz im Himmel haben; dann komm und folge mir nach" (Mk

10,21 Parr). Die Perikope im Evangelium endet nicht gut; der reiche Jüngling verweigerte die Einladung Jesu, „denn er hatte viel Besitz". Doch Antonius nahm sie an. Der Heilige Geist ließ ihn verstehen, dass die Worte des Evangeliums an ihn persönlich gerichtet waren[83]. Von nun an wird das ganze Leben des Antonius nichts anderes sein als eine Antwort auf diese Stimme.

Ein weiteres Beispiel: Alexander, der in späteren Jahren das berühmte Kloster der Azemeten nahe bei Konstantinopel gründete, vernahm auch den Ruf zum monastischen Leben, während er das Evangelium las. Und er fuhr im Laufe des Lebens fort, sich sehr konkret vom Evangelium inspirieren zu lassen. „Vater", pflegte er den Archimandriten Elias zu fragen, „ist alles wahr, was im Evangelium geschrieben steht? Und wenn es wahr ist, warum leben wir es nicht?" Alexander entschied sich schließlich, das heilige Abenteuer zu wagen, wie die Vögel des Himmels und die Lilien auf dem Feld zu leben und beständig Gott zu loben[84].

Ein drittes und letztes Beispiel: die hl. Therese vom Kinde Jesu. „Ich bin zu klein", schreibt sie, „um die steile Leiter der Vollkommenheit emporzuklettern ... Ich habe in den heiligen Büchern gesucht und habe folgende Worte gelesen, die aus der ewigen Weisheit hervorgegangen sind: 'Wer klein ist, komme zu mir!' (vgl. Spr 9,4). Ich hatte entdeckt, was ich suchte ... Ich suchte weiter und fand den Satz: 'Wie eine Mutter ihren Sohn tröstet, so tröste ich euch; ich werde euch auf meinem Schoß tragen und auf meinen Knien schaukeln' (vgl. Jes 66,12-13). Nie haben zärtlichere, wohlklingendere Worte meine Seele erfreut. Der Aufzug, der mich zum Himmel erheben soll, sind deine Arme, Jesus. Deswegen habe ich es nicht nötig, größer zu werden; im Gegenteil, was ich brauche ist, klein zu bleiben, ja zu versuchen, es immer mehr zu werden"[85]. Die Worte des Jesaja waren es, die sie offensichtlich inspirierten und die die Grundlage bildeten für die vollständige Definition der 'geistlichen Kindschaft', so wie Therese sie versteht und Christus sie will: „Kind sein heißt, sein Nichts erkennen, alles von Gott erwarten, wie ein kleines Kind von seinem Vater alles erwartet"[86]. Therese vom Kinde Jesu verstand es, sich von der Botschaft der Schrift persönlich ansprechen zu lassen und sie zu verinnerlichen. Sie entdeckte: Die Stimme Gottes richtete sich an sie persönlich. Und so entstand ihre Lehre der 'geistlichen Kindschaft', die sie als Erste lebte und die der Kirche so gut tat und noch tut.

# Ein inniges Gespräch

## Lesung in Weisheit

Die *Göttliche Lesung* verfolgt kein wissenschaftliches Anliegen; sie strebt weder hauptsächlich noch überhaupt ein rein intellektuelles Ziel an. Die Bibel ist kein theologischer Traktat, kein Studium über Gott. Sie ist viel mehr: Sie ist die Botschaft, die Gott uns geschenkt hat. Die *Lectio* besteht folglich im Hören und Verkosten dieser Botschaft. Sie ist ein Sich wie wie Maria zu Füßen Jesu setzen, um kein einziges der aus seinem Mund hervorgegangenen Worte zu verlieren.

Normalerweise lesen wir nicht, um zu lesen, sondern um gelesen zu haben. Das heißt, wir suchen in unseren Lesungen ein praktisches, nützliches Ziel: unsere Erkenntnisse zu erweitern, aus welchem Grund auch immer. In diesem Sinne ist die *Göttliche Lesung* eine vollkommen zweckfreie, absichtslose Lesung. Von ihr könnte man das Gleiche sagen, was der hl. Bernhard über die Liebe sagt: „Die Liebe sucht ihre Berechtigung nicht außerhalb ihrer selbst. Die Liebe genügt sich selbst, sie ist köstlich in sich selbst und für sich selbst. Die Liebe ist ihr eigener Verdienst und ihr eigener Lohn; sie sucht keine Ursache außerhalb ihrer selbst und kein anderes Ziel als die Liebe selber. Die Frucht der Liebe ist die Liebe." Und er fügt hinzu, diese Selbstgenügsamkeit der Liebe erkläre sich daraus, dass Gott ihr Ursprung ist und sie zu ihm als ihrem Ziel zurückkehrt, denn Gott ist die Liebe[87]. Dasselbe gilt für die *Lesung Gottes*. Man liest Gott einfach, um bei ihm zu sein, um seiner Stimme zu lauschen. Es ist lesen, um zu lesen.

Von daher ist die *Lectio* eine geruhsame Lesung, fern aller Hektik. Es geht mehr um Verkosten als um Wissen; mehr um Staunen als um Spekulieren oder Erörtern. Es gibt einen bemerkenswerten Unterschied zwischen 'Wissenschaft' und 'Weisheit'; die alten Mönche hoben dies hervor. Es gibt einen Unterschied zwischen einem akademischen Universitätswissen und einem monastischen Wissen; zwischen einem begrifflichen Wissen und einem Wissen, das Newman als 'wahr' bezeichnet; zwischen einem unpersönlichen Wissen nach der Ordnung des 'Habens' und einem existentiellen Wissen nach der Ordnung des 'Seins'. Die *Lectio Divina* übertrifft die nur menschliche Information, die rein wissenschaftliche, theologische oder pastorale Arbeit, wie der Äbtekongress 1967 anerkannte[88]. „Die *Lectio Divina* ist nicht identisch mit dem Studium, dies ist unbestreitbar", schreibt seinerseits P. Maur Standaert[89]. Die Mönche, die sich am meisten in die Wahrheit der *Lectio Divina* vertieft haben und von der Dringlichkeit ihrer Erneuerung in den Klöstern besonders überzeugt sind, halten heute folgenden Gedanken fest: Die *Göttliche Lesung* und das Studium sind zwei verschiedene Wirklichkeiten, aber sie ergänzen sich und unterstützen einander. Ziel der (monastischen) Ausbildung sollte es sein, dass möglichst jeder Mönch nach seinen Möglichkeiten und persönlichen Bedürfnissen die geeignete Methode findet, um sich der *Lectio* zu widmen und Eifer für das Studium zu entwickeln. *Lectio* und Studium sollten als zwei sich ergänzende Schienen einer einzigen Gottsuche verstanden werden, der sich die ganze Person, Verstand und Herz, verpflichtet weiß. Es gibt solche, die viel weiter gehen und nicht zögern zu behaupten, die Bibel solle im monastischen Wissen nicht nur den ersten Platz einnehmen, sondern jeden Platz; jedes andere Studium sollte also in irgendeiner Weise auf sie bezogen sein, als Vorbereitung, Erklärung oder Kommentar. Auf diese Weise wird jedes Studium des Mönches im Dienst an seiner *Lectio Divina* stehen. Allerdings muss hier eingewandt werden: Nicht jedes Studium ist dazu geeignet, die *Lectio* zu erleichtern oder zu fördern, sondern nur jenes, das unter denselben Bedingungen und in derselben inneren Haltung vollzogen wird. *Lectio* und Studium dürfen niemals entgegengesetzte Tätigkeiten sein, in dem Sinne, dass dem Studium das Monopol der Intelligenz und der *Lectio* das des Willens vorbehalten würde. Das Studium des Mönches sollte gewissermaßen bereits *Göttliche Lesung* sein, da es schon eine persönliche Begegnung mit Gott ist. Ein wie *Lectio Divina* vollzogenes Studium wirkt zutiefst vereinigend. Gewöhnlich entfaltet es sich in Gebet und Lobpreis, wie die eigentliche *Lectio*. Die *Lesung Gottes* - das kann nie genug betont werden - ist eine schmackhafte und geschmeckte, verkostete Lesung. Es geht darum, das Wort zu verkosten, Gott zu verkosten im Heiligen Geist, der den Buchstaben beseelt und im Leser einen verborgenen Geschmack erweckt, damit er zum Einklang mit dem Gelesenen findet und mit seinem Gebet und seinem ganzen Leben dem Wort des Vaters antwortet. Es ist eine Erfahrung Gottes, denn in ihr ereignet sich ein lebendiger Austausch, eine Teilnahme, eine Communio.[90]

## Intime Lesung

Die *Göttliche Lesung* zielt nicht so sehr darauf, eine möglichst vollständige Kenntnis der Wahrheit zu erhalten - diese Beschäftigung ist Sache der spekulativen Theologie -, vielmehr will sie helfen, zu einem direkten Kontakt mit Gott zu finden, bei Gott zu sein, einem hier und jetzt persönlich zu jedem Menschen, der im Glauben die Schriften öffnet, sprechenden Gott zu lauschen.

In der Tat, Gott spricht zu uns. Noch mehr: Gott öffnet uns sein Herz und lädt uns ein, in sein Herz hineinzuwachsen, es zu erforschen, es zu erkennen. Johannes Chrysostomus beschreibt uns die Mönche Antiochiens als diejenigen, die 'an ihre Bücher angenagelt' sind, vollständig durchtränkt von der Welt der Bibel: „Einige nehmen Jesaja und unterhalten sich mit ihm; andere sprechen mit den Aposteln"[91]. Und in einem anderen Abschnitt: „Der Mönch hat buchstäblich Umgang mit den Propheten und schmückt seine Seele mit der Weisheit des Paulus, und er kann bei jedem Schritt von Mose zu Jesaja springen und von diesem zu Johannes oder zu irgendeinem anderen"[92]. Derselbe Johannes Chrysostomus sagt jedoch an einer anderen Stelle: „Jeder soll bedenken, dass wir durch die Zunge der Propheten auf den mit uns sprechenden Gott horchen"[93]. Darum geht es, das ist es, was letztlich interessiert, was über allem anderen ersehnt wird. Nach Gregor dem Großen ist das Psalmengebet - eine der Weisen, die *Lectio Divina* zu praktizieren - der Ort der intimen Begegnung zwischen uns, die wir zu Gott gehen, und Gott, der zu uns kommt. Denn „an wen richten sich Gottes Worte, wenn nicht an das Herz der Menschen?" Und was tun wir im Lesen der Schriften, wenn nicht Gottes Herz erforschen? Treffend erschließt Gregor eines der wesentlichen Aspekte der *Lectio*, wenn er schreibt: „Disce cor Dei in verbis Dei" - 'Lerne das Herz Gottes in den Worten Gottes kennen', ein Ausdruck, der ohne jeden Zweifel eine persönliche Erfahrung widerspiegelt.

Hier sei der gesamte Text wiedergegeben. Gregor war am Hof Konstantinopels als Apokrisiar angestellt. Dort lernt er den vornehmen Theodorus kennen. Die beiden freunden sich an. Gregor wird zu seinem geistlichen Berater. Später kehrt Gregor nach Rom zurück und wird zum Papst gewählt. Theodorus wird Arzt beim Kaiser. Gregor schreibt ihm einen Brief, um ihn zu ermutigen, eifrig die heilige Schrift zu lesen: „Ich muss Dich ermahnen, erlauchter Sohn Theodorus. Du hast von der Heiligsten Drei-faltigkeit umsonst Intelligenz und zeitliche Güter, Barmherzigkeit und Liebe erhalten; und doch bist Du ständig in materielle Angelegenheiten vertieft, zu häufigen Reisen gezwungen, und hörst auf, täglich die Worte Deines Erlösers zu lesen. Ist nicht die Heilige Schrift ein Brief des all-mächtigen Gottes an sein Geschöpf? Entferntest Du Dich eine Zeitlang vom Kaiser und erhieltest einen Brief von ihm, so würdest Du nicht ruhen noch schlafen, ehe Du nicht gelesen hättest, was Dir ein irdischer Kaiser schreibt. Der Kaiser des Himmels, der Herr der Menschen und der Engel, hat Dir einen Brief geschickt, in welchem er auf Dein Leben eingeht, und Du kümmerst Dich nicht darum, ihn eifrig zu lesen. Bemühe Dich, ich bitte Dich, jeden Tag die Worte Deines Schöpfers zu meditieren. Lerne das Herz Gottes in den Worten Gottes kennen, damit Du mit größerem Eifer zu den ewigen Dingen strebst und Dein Geist sich an einer stärkeren Sehnsucht nach den himmlischen Freuden entzündet. Denn nur so werden wir die höchste Ruhe finden, wenn wir uns jetzt aus Liebe zu unserem Schöpfer keine Ruhe gönnen"[94].

Die Schrift, Gottes Brief, erlaubt uns, das Herz Gottes kennen zu lernen. Und diese Kenntnis weckt in uns die Sehnsucht, es mehr und mehr ken-nen zu lernen, bis wir es in den 'himmlischen Freuden' ganz besitzen. Das Herz des Menschen darf sich keine Ruhe gönnen, bis es das Herz Gottes besitzt. Der Weg der Vertiefung ist unendlich. Nie werden wir das Herz Gottes ausschöpfen.
In einer Biographie von Cäcilia Bruyères, der ersten Äbtissin von St. Cäcilia in Solesmes, liest man, ihr Lieblingsbuch sei die Bibel gewesen, und sie habe sie „unter dem Blick Gottes mit bräutlichen Augen zu lesen verstanden"[95]. Es ist ein gelungener Satz. Wenn die Braut Briefe ihres Bräutigams liest, entdeckt sie in ihnen Details, Nuancen und Tiefen, die keine andere Person zu sehen vermag.

'Das Herz Gottes', 'bräutliche Augen': Offensichtlich spielt die Liebe eine große Rolle, die Hauptrolle, in der *Lesung Gottes*. Es handelt sich um eine nicht nur persönliche, sondern auch intime Lesung; und in der Inti-mität ist die Liebe alles. Im Roman von Nikos Kasantzakis, 'Griechische Passion' erscheint eine Person, Yannakos, der durch die Weisheit seiner Aussagen herausragt. „Sag uns, Yannakos, hat sich der König Salomo in dir reinkarniert?", fragen sie ihn. „Alter, ich erkläre das nicht mit meiner

Intelligenz", antwortet Yannakos, „sondern mit meinem Herzen; dieses ist König Salomo!"[96] Und später sagt der gute Pope Photis zu ihm: „Du hast Recht, Yannakos, das Evangelium liest man nicht mit dem Kopf; unser armer Verstand begreift recht wenig; man liest mit dem Herzen. Dieses versteht sehr wohl alles"[97].

Soweit die Meinung eines Literaten. Schauen wir, was ein Wissenschaftler, Dr. Alexis Carrel, darüber denkt: „Wir, die Menschen des Westens, schätzen den Verstand viel höher ein als die Intuition. Wir ziehen die Intelligenz bei weitem dem Gefühl vor ... Die Atrophie dieser fundamentalen [nicht-intellektuellen] Kräfte machen den modernen Menschen zu einem spirituell Blinden"[98]. Und ferner: „Die einfachen Menschen nehmen Gott so natürlich wahr, wie sie die Wärme der Sonne spüren oder den Duft einer Blume riechen. Aber dieser Gott, der so zugänglich ist für den, der lieben kann, verbirgt sich dem, der nur verstehen kann"[99].

Der Gott Jesu Christi, der wahre und einzige Gott, Vater, Sohn und Heiliger Geist, spricht in der *Lectio Divina* zu uns von Herz zu Herz in unsagbarer Intimität. Die drei göttlichen Personen, wie sie in der Ikone von Andrej Rubljev dargestellt sind, scheinen uns einzuladen, an ihrem Austausch teilzunehmen. Doch es ist natürlich und verständlich, dass der Christ in der Schrift häufiger dem Wort und der Person Jesu von Nazareth begegnet. Therese vom Kinde Jesu erfasste dank ihrer großen Liebe diese eindeutige Wahrheit: „Das Wort Jesu zu bewahren ist die einzige Voraussetzung, um glücklich zu sein, der Beweis unserer Liebe zu ihm. Doch was ist dieses Wort? Ich glaube, das Wort Jesu ist Er selber; Jesus, das Wort, das Wort Gottes. Er sagt es uns später: ... 'Heilige sie durch dein Wort. Dein Wort ist Wahrheit.' ... Jesus lehrt uns, dass Er selber der Weg, die Wahrheit und das Leben ist. Also wissen wir, welches das Wort ist, das wir bewahren müssen, und werden Jesus nicht wie Pilatus fragen: 'Was ist Wahrheit?' Wir besitzen die Wahrheit, da wir Jesus in unseren Herzen bewahren"[100]. H. Zahrnt, ein evangelischer Theologe, führt die Definition Schleiermachers über das Christentum als 'historisch positive Religion' an, die als Grundlage eine konkrete Person und ein konkretes Buch hat: Jesus Christus und die Bibel. Anschließend fügt er folgende Worte hinzu: „Die Bibel ist Quelle und Kanon des Glaubens und Lebens der Kirche. Aber wohlgemerkt: Nicht weil Jesus Christus in der Bibel steht, hat er für uns Bedeutung, sondern umgekehrt, die Bibel hat für uns Bedeutung, weil Jesus Christus in ihr steht"[101].

Wir bekennen den christlichen Glauben. Zahrnt schreibt: „Christlicher Glaube ist Glaube an Jesus Christus - was sollte er auch anderes sein?"[102] „Wenn Jesus sich uns erschließt, sehen wir die verborgenen Mysterien in den Schriften." Im Anschluss an dieses Zitat von Simeon dem Neuen Theologen behauptet Paul Evdokimov mit vollem Recht: „Die Häresie kommt aus dem verstandesmäßigen Urteilen über ein abstraktes und von daher totes Wort. Folglich liegt die ganze Bedeutung der Tradition in der Entdeckung Christi, der mit seiner Gegenwart alle Formen des Glaubens beseelt." Gregor von Nyssa hatte geschrieben: „Der Glaube lässt nicht nur den Pfeil eindringen, sondern mit ihm zugleich auch den Schützen" - dieser Schütze ist Christus. „Jede andere Methode, jede andere Art von Studium oder Lesung der Schriften", folgert Evdokimov, „führt zu nichts anderem, als dass wir in den Irrtum stürzen"[103]. Es ist Jesus, den wir vor allem in den heiligen Büchern finden und der uns zugleich den Sinn der Schriften erschließt, wie den Jüngern von Emmaus; und wenn er sich uns mitteilt, bringt er unsere Herzen zum Brennen. Die *Lectio Divina* ist eine intime Lesung.

Kehren wir zurück zu Therese vom Kinde Jesu. Ohne viele Mittel zu besitzen, über die man heutzutage verfügt, lebte und starb die heilige Karmelitin in inniger Verbindung mit der Schrift, in immerwährendem Dialog mit dem Wort Gottes. Die Ausdrucksformen und Nuancen dieses Dialogs sind überaus zart. So zum Beispiel: „Ich komme zurück zum heiligen Evangelium, wo der Herr - nicht Matthäus, Markus, Lukas oder Johannes: der Herr - mir erklärt, worin sein neues Gebot besteht"[104]. Jesus hilft Schwester Therese, ihre ganze Existenz in lebendigem Kontakt mit der Schrift zu halten. Die Karmelitin besiegt schließlich mit knapper Not ihre schlechte Laune; ihre Unvollkommenheit hatte sie niedergedrückt. „Als ich mich fragte, was Jesus wohl von mir denkt, erinnerte ich mich an die Worte, die er eines Tages an die Ehebrecherin gerichtet hatte: „Keiner hat dich verurteilt?" Und ich habe ihm weinend geantwortet: „Keiner, Herr!" Warum ist Jesus so milde zu mir?"[105] Und an einer anderen Stelle: „Ich brauche nichts anderes zu tun als meine Augen an das heilige Evangelium zu heften; sogleich vernehme ich den Lebenshauch Jesu und weiß, auf welchem Weg ich laufen soll"[106].

## Betende Lesung

Nach der Lehre der Väter soll das Gebet die Lesung unterbrechen. So Hieronymus, Augustinus, Cassian, Isidor von Sevilla … Dieser Letztgenannte gibt einen Grund an: „Sehr oft ermüdet die verlängerte Lesung das Gedächtnis; deswegen ist es besser, einen Abschnitt zu lesen, das Buch zu schließen und die gerade gelesene Wahrheit in der Seele zu verinnerlichen. So werden wir ohne Ermüdung lesen, und die Lehre wird nicht von der Oberfläche des Geistes wegrutschen"[107]. Origenes nennt einen anderen Grund: Wer nicht findet, was er sucht, wer den gelesenen Text nicht versteht, muss Gott anrufen und ihn bitten, ihn erkennen zu lassen; so wird die Lesung zum Gebet, denn „es ist absolut notwendig zu beten, um die göttlichen Dinge zu verstehen"[108]. Wir müssen beten, in erster Linie, so Basilius, „weil nur der Heilige Geist uns den Sinn der Schriftworte entdecken lässt"[109]. Wie ein mittelalterlicher Schriftsteller, Wilhelm von Saint-Thierry, versichert, stören die von ihm inständig empfohlenen, dem Gebet gewidmeten Unterbrechungen die Seele keineswegs, vielmehr vermitteln sie ihr eine Klarheit, die ihr hilft, das Gelesene zu verstehen[110]. Benedikt seinerseits nennt unter den wichtigsten Übungen der Fastenzeit die 'oratio cum fletibus' (Gebet unter Tränen), die *Lectio* und die 'compunctio cordis' (Reue des Herzens); dieser Abschnitt des wunderbaren Kapitels 49 der Regel offenbart besser als jedes andere die Haltung des Heiligen. Nach seiner Ansicht unterbricht der Mönch offensichtlich die Lesung, um zu beten, sobald der 'affectus inspirationis divinae gratiae', d.h. die Gnade des intimen Gebets, von der das 20. Kapitel spricht, einsetzt, und begibt sich in den Dialog zwischen Gott und dem Menschen. „Wenn du betest, sprichst du zu deinem Bräutigam; wenn du liest, spricht er zu dir"[111].

In Wirklichkeit bräuchten die Väter und andere spirituelle Meister die Verbindung des Gebets mit der Lesung nicht ausdrücklich zu empfehlen. Wenn die *Lectio Divina* nach der traditionellen Lehre praktiziert wird, d.h. wenn die *Göttliche Lesung* wirklich *Göttliche Lesung* und weder bloß geistliche Lesung ist, noch von intellektuellen Sorgen oder Nützlichkeitsdenken dominiert wird, wenn sie Aufmerksamkeit gegenüber Gott und persönlicher, intimer Kontakt mit seinem Wort ist, sprießt das Gebet spontan und unwiderstehlich daraus hervor. Es ist noch mehr: Das Gebet bildet einen Teil der *Lectio*. In der Tat, Gott liest man nicht, wie man irgendeinen Autor liest. Es ist häufig gesagt worden, Lesen bedeute, mit dem Autor intensiv zu kommunizieren, und das stimmt. Um gut zu lesen, damit ein Autor uns wirklich seine Gedanken mitteilt und unsere Fragen beantwortet, müssen wir uns vorstellen, wir würden uns mit ihm unterhalten. Natürlich handelt es sich um eine fiktive Unterhaltung, denn der Autor kennt uns ja nicht, noch ist er gegenwärtig, und deswegen kann er auch nicht unsere Fragen beantworten, sofern die Antworten nicht schon in seinem Buch stehen. Mit der Bibel ist es anders. Gott, der in ihr gegenwärtig ist, ist ein lebendiger Gott, ein Gott, der nicht nur gesprochen hat, sondern spricht, zu mir spricht. Deswegen entspricht die *Lesung Gottes* dem 'Gespräch mit Gott'.

Der Zisterzienser Arnold von Bohéries sagt vom Novizen: „Wenn er liest, soll er den Geschmack suchen, nicht die Wissenschaft. Die Heilige Schrift ist der Brunnen Jakobs, aus dem er das Wasser schöpft, welches unmittelbar im Gebet sich verströmt. Er wird nicht ins Oratorium gehen müssen, um mit dem Gebet zu beginnen, sondern in der Lesung selbst wird es Gelegenheit zum Gebet und zur Kontemplation geben“[112]. Deswegen finden wir in den mittelalterlichen Heiligenviten und monastischen Arbeiten Bemerkungen wie diese: „totus in lectione, totus in oratione …“ - 'ganz in der Lesung, ganz im Gebet …'. Ein anderer anonymer Zisterzienser aus dem 12. Jahrhundert schrieb: „Legendo oro, orando contemplor“ - 'Lesend bete ich, betend betrachte ich'. In der gleichen Linie liegt der Generalabt Dom Ambrose Southey, nach dessen Ansicht die *Lectio* darin besteht, „das Wort Gottes im Gebet wiederzukäuen“[113], sowie ein Mönch unserer Tage, der sie als „eine meditierte und im kontemplativen Gebet fortgeführte Lesung insbesondere der Bibel“[114] bezeichnet. Die *Lectio Divina* ist ein Dialog der Liebe, von Herz zu Herz, in vollendeter persönlicher Intimität. Lesung und Gebet sind untrennbar. In vielen Texten sind sie identisch.

# Unterschiedliche Eigenschaften

## Intellektuelle und spirituelle Lesung

Der russische Zar Peter der Große gab einmal folgende Weisung: „Die Mönche sollen die Heiligen Schriften nicht nur lesen, sie sollen sie verstehen"[115]. In der Tat nützt es nichts, die Bibel zu lesen, wenn man sie nicht versteht. Die Kirche hat die Lesung des Wortes Gottes nie für einen magischen Ritus gehalten.

Einige Seiten der Bibel sind klar, andere dunkel. Im Ganzen gesehen zeigt sich die Bibel eher dunkel als klar. Es ist oft nicht leicht, ganz zu verstehen, was sie sagen will. Die Überlieferung des Textes war häufig fehlerhaft. Wie jede Sprache hat sich die hebräische Sprache im Laufe der Jahrhunderte entwickelt. Die Ausdrucksweise zeitlich so weit entfernter und so persönlich geprägter Autoren, wie eines Paulus etwa, unterscheidet sich sehr von der unsrigen … Die Entdeckung der sachgemäßen Bedeutung gewisser Begriffe, gewisser Passagen - nicht nur des Alten Testamentes, sondern auch des Neuen - setzt eine Anstrengung, ein Studium voraus.

Diese Anstrengung, dieses Studium, ist für den Leser der Schrift unverzichtbar, wie uns die Meister der *Lectio Divina* versichern. Das heißt natürlich nicht, dass jeder Bibelleser ein vollendeter Exeget sein müsste; wohl aber, dass er die Arbeiten der Exegeten zur Hand nehmen sollte. Erinnern wir uns an den Schweiß eines Origenes, eines Hieronymus, die ihre ganze Energie einsetzten, um einen korrekten Text der Schrift besitzen und in ihren wahren Sinn vordringen zu können, vor allem in ihren wörtlichen Sinn, von dem die *Göttliche Lesung* ausgehen muss. Soweit möglich, darf nichts verschwommen, vage, unklar bleiben. Die Philologie, die Naturwissenschaften, das ganze menschliche Wissen müssen zusammenspielen, um die historische Bedeutung des geschriebenen Wortes Gottes zu entdecken.

Dies alles ist jedoch nichts weiter als der Ausgangspunkt für den Gläubigen, der die Schrift liest, um sich von der Wahrheit, „die Gott um unseres Heiles willen in heiligen Schriften aufgezeichnet haben wollte"[116], durchdringen zu lassen. Die *Göttliche Lesung* ist eine spirituelle Lesung, keine wissenschaftliche. Sie sucht in der Schrift - und in den sie erklärenden und ergänzenden Texten der christlichen Tradition - ihre Bedeutung für das geistliche Leben, für das je persönliche Leben des Einzelnen. Sie ist auf die Praxis ausgerichtet und zielt darauf, die Frömmigkeit (vom Wort Gottes) durchformen, nähren und aufbauen zu lassen. Wenn sie auch eine genaue Kenntnis des wörtlichen Sinnes annimmt oder voraussetzt - nur so können Phantasien oder bedauernswerte Abweichungen vermieden werden -, so lädt die ganze christliche Tradition den gläubigen Leser ein, ermutigt und stimuliert ihn, liebevoll den geistlichen Sinn der Schrift zu erforschen. Bei den Geschichten, den äußeren Bildern, dürfen wir nicht stehen bleiben; vielmehr müssen wir von ihnen ausgehen, um uns zu den Gedanken und Wahrheiten emporzuschwingen, die sie ins Bewusstsein rufen oder symbolisch darstellen.

Dies gilt vor allem für das Alte Testament, das seine Erfüllung nur in der Offenbarung des Neuen findet. So sind die Texte beider Testamente beständig miteinander verflochten, beziehen sich aufeinander. „Vor Jesus Christus war das Alte Testament Wasser; jetzt ist es Wein", lehrte Origenes von Alexandrien[117]. Und über Augustinus schreibt F. van de Meer, der junge Meister der Rhetorik habe in Mailand erstmals 'eine gewisse Verehrung' gegenüber der Bibel empfunden, als er die allegorischen Deutungen des Ambrosius hörte. „Plötzlich erschlossen sich ihm jene fleischlichen und grausamen Mythen als geistvoll, offen für einen erhabeneren Sinn. Dies war ein entscheidender Moment in seinem Leben, … denn bis zu seinem Tod war er von diesem geistlichen Sinn überzeugt. Es handelte sich eher um einen tief gründenden Glauben als um eine aufgezeigte Wahrheit. Augustinus konnte an das Beispiel des Herrn und der Apostel Petrus und Paulus appellieren, die auf Texte des Alten Testamentes Bezug nahmen, um das Neue zu untermauern … Er konnte sich ebenso auf eine damals schon lange Tradition der Liturgie, der Katechese und der Theologie berufen"[118].

Die Meister der christlichen Spiritualität, vor allem die Väter, können und müssen uns einführen in diese geistliche Lektüre der Bibel. Jedoch sind alle Bücher der Welt unfähig, uns in dieser lebendigen Wissenschaft zu bilden, wenn wir unsererseits nicht eine entschlossene Hochherzigkeit mitbringen. Cassian betont dies mit Nachdruck. Wenn wir uns nicht mit Seele und Leib dem Wort Gottes hingeben, wird dieses sich uns nie ganz anvertrauen. Die Heilige Schrift hat eine besondere Gnade: Ihre Worte besitzen hinter ihrem wörtlichen Sinn eine tiefe spirituelle Resonanz, die der Mensch nur dank einer gewissen Übereinstimmung entdecken kann. Je mehr der Mensch in der Läuterungsarbeit seiner Laster und Sünden und in der Aneignung der christlichen Tugenden fortgeschritten ist, umso mehr wird er diesen tiefen, verborgenen Sinn wahrnehmen. Nur der spirituelle Mensch kann den spirituellen Sinn schmecken[119].

Gregor der Große führt die Tatsache, dass die Bibel teilweise leicht, teilweise schwer zu verstehen ist, darauf zurück, dass sie für alle geschrieben ist, sowohl für die Starken als auch für die Schwachen. Mit ihren dunklen Seiten fordert sie die Ersteren heraus und erweist sich dank ihrer Einfachheit mild zu den Zweiten. Sie macht sich jedem Leser zugänglich. „Wenn du in Gottes Worten etwas Erhabenes suchst, erheben sich diese heiligen Worte mit dir und steigen mit dir zu den Höhen empor. Wie das Manna in der Wüste, passt sich die Schrift dem Geschmack jedes Einzelnen an; sie ist für alle geeignet, und während sie sich selbst treu bleibt, geht sie auf die Möglichkeiten derer ein, die sich mit ihr beschäftigen"[120].

### Aktive und passive Lesung

Lesen ist eine Tätigkeit. Ortega y Gasset mahnte: „Man vergesse nie, dass es bei der Lesung immer um eine Mitarbeit geht"[121]. Und Péguy: Die wahre Lesung ist „der gemeinsame Akt, die gemeinsame Arbeit des Lesers und dessen, der gelesen wird"[122]. Die *Lectio Divina* ist dies in höchstem Maß: der gemeinsame Akt, die gegenseitige Angleichung - das Wort Gottes ist lebendig -, das Abenteuer eines im Netz des Wortes Gottes gefangenen Menschen und der unberechenbare Lauf des Wortes in der Existenz des Menschen.

Es geht in der *Göttlichen Lesung* nicht darum, aus unserer eigenen Existenz auszubrechen, noch nicht einmal für einen flüchtigen Augenblick; die *Lesung Gottes* ist kein wenn auch noch so erhaben scheinender Ausbruch. Es geht vielmehr darum, das Wort aufzunehmen und zugleich, uns im Wort zu integrieren, uns ihm angleichen zu lassen; uns nicht nur mit einer Botschaft Gottes zu konfrontieren, mit einer Lehre, sondern mit Gottes Stimme selbst. Es geht darum, die Erfahrung des Bundes Gottes mit dem Menschen in einer Geschichte, die ihren Höhepunkt in der Menschwerdung des Wortes und ihre Spur im geschriebenen, doch lebendigen Wort hinterlassen hat, persönlich erneut zu machen, erneut zu leben.

Einer der Gründe für das vorrangige und fast ausschließliche Interesse der alten Mönche an der Schrift liegt gerade im Wissen um die enge Verbindung zwischen dem monastischen Leben und dem Wort Gottes. Sie waren ganz davon überzeugt, dass es eine tiefe Einheit in den aufeinander folgenden Phasen der Heilsgeschichte gibt: Sowohl im Alten Testament als auch im Neuen und im Leben der Kirche im Laufe der Jahrhunderte geht es um dieselbe Heilsgeschichte. Ihr Höhepunkt liegt im österlichen Mysterium, an dem jeder Christ, jeder Mönch teilnehmen soll, indem er es 'wiederlebt', in sich selbst erneuert. Nun aber kann dies nicht geschehen, wenn nicht jeder die Mysterien in sich einlässt, von denen die Schriften in ihren Erzählungen sprechen. Man kann gleichsam sagen, dass derselbe Geist Gottes, der die Autoren der Heiligen Bücher inspirierte, weiter wirkt in denen, die sie lesen und die die von der Bibel bezeugte Wahrheit zu erfahren suchen.

Mit anderen Worten, die *Göttliche Lesung* ist eine aktive Lesung, insofern jeder, der sie übt, wirklich versuchen muss, sich dem anzugleichen, was die Schrift sagt. Es genügt nicht, sich dem Wortlaut und der geistigen Auslegung zu widmen und so zu entdecken, was in der Heilsgeschichte wahrhaft geschah. Man muss die Abenteuer des Volkes Gottes in der Wüste, das Evangelium, das Leben der Apostel mit unserem Herrn, das der ersten Christen, die religiösen Erfahrungen der Menschen, von denen die Schrift erzählt, sozusagen wiederleben. Diese Erfahrungen sind sehr verschieden und entsprechen den Bedürfnissen aller, gleich welchen Alters sie sind, in welchen äußeren Umständen und seelischen Zuständen sie sich auch immer befinden. Kurz, die Heilsgeschichte ist kein Drama, das der Bibelleser als bloßer Zuschauer von außen betrachtet, sie ist ein Ereignis, an dem er intensiv teilnimmt, indem er die inneren Zustände der Heiligen des Alten und Neuen Testamentes erfährt, ihre Tugenden lebt, ihre Laster meidet, ihre Buße nachahmt ... Das freilich erfordert große Aktivität.

Gewöhnlich bietet uns die Bibel keine Theorien, sondern Taten, konkrete und persönliche Beispiele und Erfahrungen. Das alles müssen wir uns aneignen und in unser eigenes Leben eindringen lassen. Dies gilt natürlich in besonderer Weise vom Evangelium. Aktiv die Worte und Taten des Herrn lesen, heißt, die Mahnung des heiligen Paulus in die Tat umsetzen: „Seid (untereinander) so gesinnt, wie es dem Leben in Christus Jesus entspricht" (Phil 2,5); 'mit Christus empfinden', sich in irgendeiner Weise auf Christus hin wandeln; wirklich erfüllen, was der Name Christ besagt. In dieser Weise lesen, mit ganzer Seele, mit ganzem Herzen, indem wir in die Lesung unsere ganze Persönlichkeit hineinwerfen, das ist es, was wir 'integrale Lesung' nennen könnten - eine Lesung, die unser ganzes Leben durchdringt und unser ganzes Sein in Bewegung setzt: Vorstellungskraft, Verstand, Gefühl; eine wahrhaft gelebte und belebende Lesung.

Dennoch kann die *Lectio Divina*, obgleich aktiv, zugleich auch passive Lesung genannt werden. Es kommt nämlich bei ihr darauf an, gleichzeitig die Stimme des zu uns sprechenden Gottes in uns widerhallen zu lassen, zuzulassen, dass sein Wort uns umwandelt, uns Gott zu überlassen. P. Besnard hat sehr tief beschrieben, wie wir Gott antworten sollen. Für den, der eine Erprobung bis an den Rand der Verzweiflung durchgestanden hat, bedeute 'das Wort in die Praxis umzusetzen' nicht mehr, „willentlich sein Verhalten auf eine Vorschrift abzustimmen - mit Rückgriff auf moralische Kräfte und auf den heimlichen Ehrgeiz nach der Herrschaft des Ichs über die eigenen Taten; das Wort in die Praxis umsetzen wird dann vielmehr heißen, sich von ihm umwandeln zu lassen …, sich von ihm zum neuen Menschen führen zu lassen, der von Gott vor der Erschaffung der Welt erschaffen ist, jedoch im Hinblick auf die Auferstehung Jesu nach der Heiligkeit der Wahrheit … Es wird auch heißen, dem Wort Gottes die Möglichkeit zu lassen, uns alle im Evangelium enthaltenen, von ihm verkündeten Energien mitzuteilen." Es wird heißen, „Gott Zeit zu lassen uns zu sagen, dass nur er uns erschafft, uns erlöst, uns vollkommen macht, uns liebt; und wenn er es uns gesagt hat, ihm endlich die Gelegenheit zu geben, zu vollbringen, was er sagt. Denn: Das ist alles, was er von uns erwartet!"[123]

## Persönliche und kirchliche Lesung

Wie alles Beten ist die *Lesung Gottes* die persönlichste und intimste Tat des Menschen. Es gibt keine zwei exakt identischen Arten zu beten, da es keine zwei vollkommen gleiche Menschen gibt. Gott hat uns nicht serienmäßig erschaffen, und er erlöst und heiligt uns auch nicht serienmäßig. Die Liebe, die er jedem einzelnen Menschen zusagt, ist ganz und gar persönlich, und die Liebe, die die Menschen ihm versprechen, hat genau den gleichen persönlichen, einmaligen Charakter. Gott spricht zu mir, persönlich, hier und jetzt, wenn ich mit Glauben und Liebe seine Schrift lese. Aber ich, wenn ich lese, wie auch wenn ich bete - und die *Lectio Divina* ist eine Verbindung von Gebet und Lesung -, bin immer noch, ja bin mehr denn je ein lebendiges Glied des lebendigen Leibes Christi, der die Kirche ist. Wenn ich lese, wie auch wenn ich bete, ist es die Kirche selbst, die liest, die sucht und die ein wenig mehr den entdeckt, der ihr Haupt und ihr Bräutigam ist - durch mich, ihren einfachen Diener.

Folglich gilt ohne jeden Zweifel, dass jeder Christ die Schrift nicht nur 'mit bräutlichen Augen' lesen soll, wie es Cecilia Bruyère tat, mit Liebe und Zärtlichkeit also, sondern mit den Augen der Braut, mit den Augen der Kirche, deren lebendiges Glied er ist. Deswegen hat das, was man 'freie Auslegung' nannte, keinen Platz in der *Göttlichen Lesung*. Es ist eine untragbare Verirrung, die Schrift nach unserem Gutdünken an der Tradition der Kirche vorbei oder gar gegen diese zu interpretieren; dies zeugt von einer Selbstgenügsamkeit, die uns unumgänglich in den Irrtum führen würde. Notwendigerweise muss die *Lectio Divina* jedes einzelnen Christen eine 'authentische Lesung' sein, eine Lesung also, die von der Autorität Gottes in der Kirche untermauert und bestätigt ist. Die Bibel kann in der Tat nicht sicher interpretiert werden ohne die Vermittlung der Kirche. Denn die Garantie, das Wort Gottes immer sowohl in seinem authentischen Ausdruck als auch in seinem wahren Sinn aufnehmen zu können, besitzen wir nur durch das der Kirche zugesagte Versprechen des Beistands desselben Hl. Geistes, der die Schrift inspirierte. Wenn jedoch dieser Beistand des Geistes, der in der Kirche wirkt, uns nicht davon dispensiert, uns dem heiligen Text zuzuwenden, den in seinem wahren Sinn zu lesen sie immer ermöglicht, so kann er uns erst recht nicht davon dispensieren, auf die Zeugnisse der Wahrheit des Wortes Gottes im mystischen Leib Christi, die die Tradition ausmachen, zurückzugreifen. Im

Übrigen ist es angebracht, wie P. Louis Bouyer treffend sagt, „die Schrift und die Tradition nicht so sehr als zwei, wenn auch voneinander unabhängige, so doch sich ergänzende Quellen der Wahrheit anzusehen, sondern die Schrift gleichsam als Kern der Tradition zu verstehen, von der man sie nicht trennen kann, um sie zu verstehen, während die Tradition selbst nur um die Schrift herum wachsen kann"[124].

Paul Evdokimov schreibt zu diesem Thema einige Sätze von beeindruckender Kraft und Dichte. „Die Bibel", so sagt er, „darf niemals von der Kirche getrennt werden, ohne eine Verformung zu riskieren. Der Herr erklärte den Emmausjüngern den Sinn der Schriften und offenbarte auf diese Weise, dass 'die Bibel die sprachliche Ikone Christi' ist. Gott wollte, dass Christus den Leib annähme, in welchem seine Worte als Worte des Lebens authentisch widerhallen sollten. Man muss also vom Inneren seines Leibes aus, in der Kirche die Bibel lesen und Gott in Christus zuhören. Von dem Augenblick an, da ein Glaubender die Bibel in die Hand nimmt …, geschieht das Wunder: Ein historisches Dokument erweist sich als Heiliges Buch voll Gegenwart. Das Maß meiner Empfänglichkeit steht im Dienst an meinem ontologischen Ort im LEIB, an meinem Leben in der Kirche." Von daher ist es letztlich „die Kirche, die die Bibel liest, sobald ihre Seiten aufgeschlagen werden. Selbst allein liest man die Bibel gemeinsam, liturgisch. Gott hat es so gewollt. Das eigentliche Subjekt der Erkenntnis und der Communio ist nicht der isolierte, vom LEIB getrennte Mensch, sondern der Mensch als Glied, der liturgische Mensch"[125].

Die Lesung der Heiligen Väter und insbesondere die Teilnahme am Kult der Kirche sind eine unschätzbare Hilfe in dieser Hinsicht. Von den alten Mönchen schrieb Gregorio Penco: Die *Lectio Divina* fand ihre volle Entfaltung im liturgischen Gebet, so dass der Mönch die Bibel mit den Augen der Liturgie las. Nun, die Bibel mit den Augen der Liturgie zu lesen bedeutet zweifellos, sie mit den Augen der Kirche zu lesen.

# Eine schwierige und mühsame Tätigkeit

## Aufmerksame Lesung

Die Bibel ist 'das Buch der Gottsucher'; die *Göttliche Lesung* eine den Gottsuchern eigene Tätigkeit. Nun ist Suchen immer auch ein bisschen anstrengend. Geruhsam und friedlich einerseits, erfordert die *Lectio Divina* andererseits oft eine bemerkenswerte, kontinuierliche Anstrengung.

Wir müssen ein für allemal die Vorstellung verwerfen, die *Lectio* sei - oder könnte sein - eine Art 'geistlicher Zeitvertreib', eine seichte fromme Erholung. Solches Denken verrät eine völlige Unkenntnis der Lehren der Tradition. Für die monastischen Väter und Regelverfasser war in der Tat die *Göttliche Lesung* eine sehr ernste, sehr gewichtige und sehr mühsame Tätigkeit. Es scheint bezeichnend, dass in den monastischen Regeln die *Göttliche Lesung* der körperlichen Arbeit gegenübergestellt ist. So sagt der hl. Benedikt: Neben der für das göttliche Offizium reservierten Zeit „sollen sich die Brüder zu bestimmten Zeiten mit Handarbeit, zu bestimmten Stunden mit heiliger Lesung beschäftigen" (RB 48,1). Mit der *Lectio* ist die Übung des 'inneren Menschen' gemeint - eine Übung, die kompromisslos die volle Aufmerksamkeit, den entschiedenen Einsatz der Seelenkräfte erfordert: des Gedächtnisses, des Verstandes, des Gefühls. Zur *Lectio* gehört eine große Festigkeit des Geistes, um das Wort Gottes zu erforschen, aufzunehmen und zu verstehen - im weitesten Sinn des Wortes. Man muss sich mit beständiger Anstrengung darum bemühen - proséchein, so schreibt eindringlich Origenes[126].

Nun aber sind Erschöpfung, Müdigkeit, Unlust, Überdruss, Trägheit allzu menschliche Wirklichkeiten, als dass sie den Leser der Schrift nicht befallen würden - zumindest ab und zu. In der lateinischen Sammlung der Apophthegmata Patrum wird uns gesagt: „Die Propheten schrieben Bücher, unsere Väter setzten sie in die Tat um, wir Nachfolger lernten sie auswendig, die jetzige Generation schreibt sie auf Pergamente ab und lässt sie in den Bibliotheken schlafen"[127]. Dieses Apophthegma offenbart - gewiss etwas überzogen - einen kollektiven Mangel an Interesse. Viel häufiger jedoch ist der Einzelne wenig bereit zu lesen, schon gar nicht mit der Aufmerksamkeit und gänzlichen Hingabe, die der *Lectio Divina* angemessen ist. Cassian skizziert uns eine kleine Szene, die sich relativ häufig in der alltäglichen prosaischen Wirklichkeit der Wüste wiederholt haben dürfte: „Möglicherweise wünsche ich, mein Herz zu festigen, indem ich mich zwinge, die Schrift zu lesen; doch ein Kopfschmerz hindert mich daran, und gegen neun Uhr morgens bin ich mit dem Kopf auf dem Buch eingeschlafen"[128]. Andere Male fühlt sich die Seele wie eingetaucht in die tödliche Benommenheit der 'Acedia', und sie empfindet Abneigung und Unmut gegen die Lesung[129]. In der Lesung ausharren, koste es was es wolle, setzt eine fast heroische Willenskraft voraus. Im Vers der Benediktusregel „Lectiones sanctas libenter audire" - 'die heiligen Lesungen gern hören' (RB 4,55), richtet sich das Adverb 'libenter' (gern) gegen das Widerstreben, das gewisse Geister gegen die Lesung hatten. Benedikt wendet sich streng gegen solche Nachlässigkeiten (RB 48,17-20).

Zu diesen eher subjektiven Schwierigkeiten gesellen sich andere objektiver Art, die aus der Schrift selbst herrühren. Denn, machen wir uns nichts vor, die Lesung der Bibel ist aus verschiedenen Gründen über viele Seiten hinweg eine harte Lesung. Ein Grund liegt in ihren Dunkelheiten, in der Schwierigkeit, sie korrekt zu interpretieren. Selbst das Evangelium enthält diese Seiten. Der Benediktiner Alonso Ruiz de Virués fasst die Lehre Cassians und einer langen Tradition zusammen, wenn er sagt, Christus habe 'mit mystischen Worten' die Mysterien des Evangeliums „derart verschlüsselt und verdunkelt, dass sie, in Händen gehalten, nur von denen gesehen werden können, denen Er selbst den Schlüssel der Wissenschaft übergeben hat (quibus Ipse tradiderit clavem scienciae), ohne den sämtliche Syllogismen und Regeln, die man in den Schulen lernt, recht wenig taugen"[130].

Die Lesung der Bibel ist hart, denn - wie die Schrift selbst sagt - „lebendig ist das Wort Gottes, kraftvoll und schärfer als jedes zweischneidige Schwert; es dringt durch bis zur Scheidung von Seele und Geist, von Gelenk und Mark; es richtet über die Regungen und Gedanken des Herzens" (Hebr 4,12). Lebendig wie Gott hat es die Wirkkraft, die nichts anderes ist als die vollzogene Macht Gottes: Es dringt durch bis ins tiefste Herz, ins Intimste des Seins, wo der übernatürliche Geist mit unserem vitalen Prinzip zusammentrifft. Und dort, im Inneren des Menschen, hat es eine Kraft zu richten und zu urteilen, indem es den Menschen zwingt, Stellung zu beziehen. Vor diesem Wort sind weder Kompromiss noch Verstellung möglich. Denn den Richter hast du in dir. Die *Lectio Divina* ist ein 'gefährliches Abenteuer', wie A. M. Besnard sagt[131]. Oft kann sie zu einem Kampf 'Mann-gegen-Mann' mit Gott werden, da Gott uns angreift, wenn wir es am wenigsten erwarten. Gott zu begegnen ist häufig schmerzhaft.

Aber das alles gehört zur Natur der *Lesung Gottes*. In ihr sucht man Gott und sucht ihn offensichtlich, um ihn zu finden. Manchmal wird er uns trösten, manchmal richten, andere Male, häufig, um dies oder jenes bitten. Gerade weil „das Wort Gottes heute etwas von mir fordern kann, was es gestern noch nicht gefordert hat", schreibt H. U. von Balthasar, „muss ich, um die Forderung zu hören, ein grundsätzlich Offener, Horchender sein"[132].


## Beharrliches Lesen

Eine letzte bemerkenswerte Eigenschaft der *Lectio Divina* soll unterstrichen werden: Sie erfordert eifriges Bemühen; sie hat den Charakter einer beständigen Relecture, die an kein Ende kommt. Zur Bemühung um wache Aufmerksamkeit gesellt sich die Bemühung um Beständigkeit um jeden Preis. Serafim von Sarow las jede Woche das ganze Neue Testament. Von Nepotianus schreibt Hieronymus: „Durch eifriges Lesen und beständiges Meditieren hatte er aus seiner Brust eine Bibliothek Christi gemacht"[133]. Es gibt zahlreiche ausgezeichnete Vorbilder der Beständigkeit in der *Lectio*, und manche sind faszinierend.

Dimitri Marejkowsky sagt über das Evangelium: „Ein seltsames Buch. Nie hat man es zu Ende gelesen. Man liest es gern, scheinbar immer ohne ans Ende zu gelangen, wie wenn etwas übersehen worden wäre, etwas unverstanden geblieben wäre. Man liest es wieder und hat den gleichen Eindruck. Und so geht es immer und immer wieder. Es ist wie der Himmel in der Nacht. Betrachtet man ihn, so entdeckt man immer wieder neue Sterne." Dasselbe könnte von den anderen Büchern der göttlichen Bibliothek gesagt werden. So lange wir sie lesen und wieder lesen, entdecken wir 'neue Sterne', öffnet sich uns ein wenig mehr der wunderbare, faszinierende Horizont des Universums der Bibel. Die Regula Ferioli sagt: „In manibus monachi fraequens sit lectio"[134]. Die ganze monastische Tradition empfiehlt dasselbe: Das Buch muss fast ständig in den Händen des Mönches sein. Der Aspekt des Eifers in Bezug auf die *Göttliche Lesung* fand in Gregor dem Großen einen unermüdlichen Anwalt. Gregor hatte die Tiefe der Bibel, so unergründlich wie die Tiefe Gottes, erfahren. „Niemand", so sagt er, „hat sich in ihre Kenntnis so vertieft, dass er nicht noch weitergehen könnte; denn alles menschliche Fortschreiten bleibt unter der Erhabenheit der Gottheit, die die Schrift inspiriert hat … So sehr man sie auch erklärt, sie birgt immer noch Geheimnisse, denn sie ist derart komponiert, dass man sie nicht kennt, selbst wenn man sie kennt, und man liest sie mit größerem Gefallen, wenn man sich ihr jeden Tag widmet. Da es immer Neues in ihr zu entdecken gibt, besitzt sie die Kunst, einen zu bezaubern"[135]. Und an einer anderen Stelle schreibt er, man liebe die Bibel umso mehr, je mehr man sie lese; den weniger gebildeten Lesern zugänglich, ist sie für den Weisen immer neu[136]. Wer sich häufig der Schrift widmet, entdeckt sie allmählich immer mehr, und ihre Entdeckung hört nie auf. Gewiss wäre sie wenig wert, wäre sie leicht zugänglich. „Wenn der Vernunft der Sinn gewisser dunkler Stellen aufgeht, fühlt sich diese umso mehr belohnt, je mehr sie sich auf ihrer Suche angestrengt hat"[137]. Die notwendige Anstrengung macht die Lesung fruchtbar. Ihre dunklen Abschnitte wollen unsere Vernunft wecken, damit wir selbst an den scheinbar einfachen und klaren Stellen aufmerksam in ihre Tiefen horchen[138].

Die *Lectio Divina* darf nicht vernachlässigt werden, sie duldet keine Ferien. Wie Rebecca, sagt Origenes, sollen wir alle Tage zum Brunnen der Schriften zurückkehren[139]. Wenn wir sie manchmal vorübergehend nicht zum Objekt unserer *Lectio* machen und andere Autoren lesen, ist es nur, damit diese Autoren uns helfen, mehr Nutzen aus dem in der Bibel enthaltenen Wort Gottes zu ziehen. Aber sogleich müssen wir zu den Schriften zurückkehren, oder - vielleicht noch besser - beide Lesungen parallel verrichten.

Die Bibel muss außerdem ganz gelesen werden. Alle ihre Bücher, selbst die scheinbar weniger nützlichen oder gar ganz unnützen für das geistliche Leben, enthalten das Wort Gottes. Das ist die Grundlage. Aber es gibt noch einen Grund psychologischer Art: Die Weite und Verschiedenheit der heiligen Bücher enthalten ein nicht zu unterschätzendes Element der Vielfalt. Wir sind Menschen, und folglich beschränkt und unbeständig. Alles, selbst das Heiligste und Erhabenste, wird uns zur Routine, bis dahin, dass wir seiner überdrüssig werden. Unser Geist gewöhnt sich so sehr an alles, dass er dahin gelangen kann, gegenüber den Seiten des Psalters oder gar des Evangeliums gleichgültig zu werden. Man könnte meinen, Gott selbst habe das bedacht und habe uns helfen wollen, indem er uns eine überaus reichhaltige Bibliothek anbietet. In der Tat - welche Vielfalt in der Schrift, besonders im Alten Testament! Welche Reichtümer für den, der sie zu finden versteht, oder besser, dem der Heilige Geist sie zu entdecken gibt! Sowohl durch die Zahl, den Umfang und den vielfältigen Charakter der Schriften, die es enthält, als auch durch die Tiefe der Gedanken, die es vom Licht Christi beleuchtet birgt, ist das Alte Testament wahrhaft unerschöpflich. Auf diese Weise fühlen wir uns in unserer Bemühung um das Ausharren in der *Lesung Gottes* von der herrlichen Vielfalt der heiligen Bücher unterstützt.

Wie J. M. Delvaux schreibt, geht es in der *Lectio Divina* kurz gesagt nicht um das Studium von Texten, so ehrwürdig sie auch sein mögen; vielmehr geht es darum, Gott kennen- und lieben zu lernen. Denn wir lieben in dem Maß, wie wir erkennen. „Ein liebendes Herz kann nicht anders, als alles daranzusetzen, den Geliebten besser kennen zu lernen, um immer mehr dessen wahres Antlitz zu entdecken"[140]. Gewiss ist dies das tiefste Motiv für die Beharrlichkeit in der *Lesung Gottes*.

# Bedingungen und Dispositionen

## Eine günstige Atmosphäre

Nach Meinung des Äbtekongresses des Jahres 1967 erfordert die *Lectio Divina* eine 'geeignete Bildung' und 'die Schaffung einer günstigen Atmosphäre'[141]. Mit der 'geeigneten Bildung' werden wir uns später beschäftigen. Versuchen wir hier festzulegen, wie die 'günstige Atmosphäre' sein soll. Leider haben das die beim Kongress versammelten Äbte nicht getan.

Ich denke, dieses für die *Lectio* günstige Klima sollte von Frieden erfüllt sein - äußerlich und innerlich, aber vor allem innerlich -, von Entspannung, von geschwisterlicher Liebe - ohne Liebe gibt es keinen wahren Frieden -, von Stille, von freier Zeit … Über die zum Zuhören so notwendige Stille sagt Dietrich Bonhoeffer: „Wir schweigen vor dem Hören des Wortes, weil unsere Gedanken schon auf das Wort gerichtet sind, wie ein Kind schweigt, wenn es in das Zimmer des Vaters tritt. Wir schweigen nach dem Hören des Wortes, weil das Wort noch in uns redet und lebt und Wohnung nimmt"[142]. Frieden, Liebe, freie Zeit: Es ist die Atmosphäre, die in den Klöstern vorauszusetzen ist. Es ist das monastische Otium, auf dem die mittelalterlichen Autoren so entschieden beharrten; es ist das 'Vacare Deo', das heißt, bereit zu sein, um sich Gott zuzuwenden. Das bedeutet freilich nicht, gleichgültig zu werden gegenüber allen und jedem/r Einzelnen unserer Brüder und Schwestern, den Menschen, oder gar mit ihnen zu brechen. Denn wenn ich mich Gott zuwende, wenn ich die Bibel öffne und Gott finde, bin ich in Kommunikation mit allen meinen Brüdern und Schwestern. Es ist die Braut, die durch eines ihrer Glieder den Bräutigam sucht und findet …

## Reinheit des Herzens

Eine günstige Atmosphäre allein genügt jedoch nicht, das ist klar, auch nicht eine gute Vorbildung, eine geeignete Bildung intellektueller Art. Cassian, der große Meister der Mönche, wird nicht müde zu wiederholen, die menschliche Wissenschaft, das Studium der Bibelkommentatoren nütze wenig oder gar nichts, um die 'spirituelle Intelligenz' der Schrift zu erlangen, die den inneren Menschen nährt, das heißt, das Leben in Vereinigung mit Gott. Gewiss, sagt er, müssen wir die Bibel eifrig lesen, gewiss müssen wir uns anstrengen, um sie auswendig zu lernen, um danach in Stille die gelernten Abschnitte zu wiederholen, vor allem nachts; denn manchmal „dringen wir in ihren verborgensten Sinn vor" - sogar im Schlaf. Aber was wir vor allem und über allem brauchen ist die 'Reinheit des Herzens'[143].

Cassian sagt durch den Abt Nesteros in den berühmten Collationes: „Wenn ihr zum Licht der geistlichen Wissenschaft gelangen wollt ..., ereifert euch vor allem im Verlangen nach der Seligpreisung, die da lautet: 'Selig die reinen Herzens sind, denn sie werden Gott schauen' (Mt 5,8). Nur wenn die Laster ausgerottet und die Demut gefunden ist, wird es möglich sein, bis ins Herz der himmlischen Worte vorzudringen und mit dem reinen Blick der Seele die tiefsten und verborgensten Mysterien zu betrachten." Und Cassian fügt weiter hinzu: „Dies gibt weder die menschliche Wissenschaft noch die Kultur der Menschen, sondern einzig die Reinheit der Seele, erleuchtet durch das Licht des Heiligen Geistes"[144]. So wird sich unser Geist nach und nach erneuern, je mehr wir in der inneren Läuterung und in der demütigen und beharrlichen Lesung fortschreiten, und „es wird uns scheinen, als wenn die Schrift beginnt, sich für uns zu ändern. Es wird uns ein tieferes und geheimnisvolleres Verständnis mitgeteilt, dessen Schönheit in direktem Verhältnis zu unserem Fortschritt wächst. Denn der inspirierte Text passt sich tatsächlich der Aufnahmefähigkeit der menschlichen Intelligenz an." Deshalb scheint „den fleischlichen Menschen die Schrift eine irdische Angelegenheit zu sein; den geistlichen eine himmlische und göttliche Angelegenheit. Und diejenigen, die sie vorher wie in dichte Finsternis gehüllt sahen, sind nun fähig, ihre Tiefe zu ergründen oder mit ihrem Blick ihrem Glanz standzuhalten"[145].

Die Biographen der Heiligen haben manchmal diese Entsprechung zwischen dem Prozess der inneren Läuterung und dem besseren Verständnis des in den heiligen Büchern enthaltenen Wortes Gottes beobachtet. So lesen wir, um nur ein Beispiel zu nennen, im Leben des heiligen Dositeus, dass er „dank seiner Reinheit begann, gewisse Abschnitte der Schrift zu verstehen". Denn, wie P. Evdokimov sagt, die 'Fleischwerdung' der Schrift „setzt die Reaktion des empfänglichen Mediums, eine gegenseitige Durchdringung", eine 'Perikorese' nach dem Beispiel der beiden Naturen Christi, voraus[146].

## Loslösung und Fügsamkeit

Andere grundlegende Dispositionen, um uns Gott zu nähern, der uns in der Schrift erwartet, sind die Einfachheit, die Loslösung, die Fügsamkeit, die Hingabe. Kardinal Eduard F. Pironio schrieb: „Das Wort Gottes ist einfach. Wir müssen es ergründen mit der Seele eines Armen und mit einem kontemplativen Herzen. Nur so wächst in uns der 'Geschmack der Weisheit' und wirkt in uns die 'Macht des Geistes', die uns frei macht (2 Kor 3,17). So geschah es in Maria, der armen und kontemplativen Jungfrau, die schweigend das Wort empfing, es im Gehorsam des Glaubens verwirklichte (vgl. Lk 11,27) und es mit der Einfachheit ihres Fleisches bekleidete. Leider verkomplizieren wir manchmal das Evangelium, und so verstehen wir nicht mehr die Klarheit und Kraft seiner Herausforderungen. Möglicherweise schauen wir das Evangelium zu sehr von uns aus an. Aber das Wort Gottes übersteigt unsere Wirklichkeit, und wir müssen in es hineingehen von der Tiefe des Geistes aus, der alles durchdringt, selbst das Innerste Gottes"[147].

Die Loslösung soll uns vom 'begierigen Verlangen nach Ergebnissen' befreien, wie A. Southey sagt. „Denn wir dürfen nicht auf die Suche gehen nach Gefühlen, Erfahrungen, schönen Gedanken zum Weitersagen ... Die *Lectio* ist eine langwährende Arbeit, die zu einer unaufhörlichen, normalerweise jedoch nicht wahrnehmbaren Vertiefung unserer Intimität mit Gott führt"[148].

In dem bereits erwähnten zisterziensischen Symposion über die *Lectio Divina* wurde ausdrücklich betont, dass wir uns normalerweise der Bibel zuwenden, um zu sehen, was wir aus ihr herausholen können, nicht was sie aus uns herausholen kann ... Dies Letztere ist sicherlich wichtiger. Damit die *Lesung Gottes* authentisch ist, ist es notwendig, sich ihr mit einem Geist der Hingabe zu nähern, mit der vollkommenen Bereitschaft für das, was uns der Herr sagen will. „Die *Lectio* ist eine wahre Askese. Sie bleibt nicht auf einer theoretischen Ebene, sondern ist wie das Wort

Gottes selbst ein zweischneidiges Schwert, das bis in die innersten Tiefen reicht und eine persönliche Antwort erfordert"[149].

Nach Gregor dem Großen - einem der bedeutendsten Meister der *Lesung Gottes* - kann die Fähigkeit zur Schriftlesung den Christen definieren, sofern diese Lesung existentiell und nicht nur eine oberflächliche Übung des Verstandes ist. „So wie die guten Knechte stets aufmerksam auf die Augen ihrer Herren achten, um unverzüglich ihren Anordnungen zu folgen, so achtet auch der Geist der Gerechten aufmerksam auf die Gegenwart des allmächtigen Gottes, indem sie die Augen auf die Schrift heften, als ob es sein eigener Mund wäre. Denn da in der Schrift Gott seinen Willen kundtut, wendet er sich nicht von ihr ab, je mehr sie ihn durch sein Wort kennen. Es schallt in ihren Ohren, aber nicht ohne eine Spur zu hinterlassen, vielmehr graviert es sich in ihre Herzen ein"[150]. Diese grundlegende Bereitschaft, die Schriften zu ergründen, um den in ihnen bezeugten Willen des Herrn zu erfüllen und in die Tat umzusetzen, diese großzügige Haltung des Herzens öffnet den Schlichten und weniger Vorgebildeten den Sinn der göttlichen Weisungen, den die begabteren Geister aus Nachlässigkeit ignorieren. „Der Blick der Liebe erleuchtet das Dunkel ihrer Grobheit … So gelangen sie zu den Gipfeln der Einsicht, weil sie unaufhörlich tun, was sie verstanden haben, selbst die kleinsten Dinge"[151].

Eines der Geheimnisse der Heiligkeit von Sr. Therese vom Kinde Jesu - womöglich das entscheidende - war ihre volle Annahme des Wortes Gottes, um es zu verwirklichen und zu leben. Niemals versuchte sie, es ihrem Weg anzupassen, vielmehr passte sie ihren Weg dem Wort Gottes an, in einer ganzheitlichen und absoluten Weise. Iñaqui Aranguren versichert, er kenne einen Mönch, der in der nächtlichen Stunde nach den monastischen Vigilien seine Bibel öffnet, 'das persönlichste Buch des Mönches', und sich kniend den Text Jes 50,4-5 vergegenwärtigt: „Jeden Morgen weckt er mein Ohr, damit ich auf ihn höre wie ein Jünger. Gott der Herr hat mir das Ohr geöffnet. Ich aber wehrte mich nicht und wich nicht zurück." Von einem anderen Mönch erzählt er uns, er habe auf dem Deckel seiner Bibel folgende Worte der Apokalypse stehen: „Da nahm ich das kleine Buch aus der Hand des Engels und aß es. In meinem Mund war es süß wie Honig. Als ich es aber gegessen hatte, wurde mein Magen bitter." Jener Mönch sagt immer wieder, die *Lectio Divina* sei nicht authentisch, wenn „das Wort Gottes dich nicht umkrempelt"[152]. Wer nicht dazu bereit ist, dass das Wort Gottes ihn umkremple, soll die Schrift gar nicht erst öffnen: Er würde Zeit vertun.

Benedikt gibt uns eine hervorragende Weisung, wenn er über das Gebet spricht: Wir müssen uns Gott nähern „cum omni humilitate et puritatis devotione" (RB 20,2), mit aller Demut und lauteren Hingabe, im eigenen Sinn des Wortes 'devotio', 'Hingabe'. Dasselbe gilt für die *Lectio Divina*, die nichts anderes ist als Hinwendung zu Gott und Gespräch mit Gott, wie das Gebet. Die *Lectio* erfordert die Hingabe, die lautere Hingabe - puritatis devotio - dessen, der sie praktiziert. „Sie setzt voraus, dass der Leser sich Gott hingibt, der gerade zu ihm spricht und ihm eine Erneuerung des Herzens schenkt", nach dem bereits zitierten schönen Ausdruck der Väter der Gesellschaft Jesu in ihrer 31. Generalversammlung.

### Geist des Gebetes

Wie wir bereits erwogen haben, soll nach Meinung von Paulus Giustiniani „der Mönch sich dem Wort nähern, nicht um sich zu beschäftigen, nicht um zu studieren, sondern wie wenn er zum Altar Gottes hinaufsteigt, mit großer Bereitschaft von Seele und Leib". Gott gibt sich uns, damit wir in seinem Herzen lesen, er ruft uns in seine Nähe. Aber diese Begegnung mit Gott kann sich nur in einem Klima lebendigen Glaubens ereignen, und wie A. Southey schreibt, „erfordert sie von uns, dass wir uns bereiten in einer Haltung demütigen Verlangens, einer Haltung des Gebetes"[153].

Die Väter haben an einem grundlegenden Prinzip festgehalten: Die Schrift zu verstehen ist eine Gabe Gottes. Gregor der Große etwa sagt, dass „die Worte Gottes sich nicht ohne ihre Weisheit ergründen lassen, und wer seinen Geist nicht empfangen hat, kann in keiner Weise seine Worte verstehen"[154]. Nach Markus dem Eremiten ist „das Evangelium gegenüber den Anstrengungen der Menschen verschlossen; es zu öffnen ist Gabe Gottes". Deswegen betete Johannes Chrysostomus vor der Bibel: „Herr Jesus Christus, öffne die Augen meines Herzens …, erleuchte meine Augen mit deinem Licht … Du allein, einziges Licht." Und Ephräm riet: „Vor jeder Lesung bete und flehe zu Gott, damit er sich dir erschließt"[155]. Wenn die *Göttliche Lesung* eine Gnadengabe ist, dann müssen wir zum Herrn der Gnade flehen, dass er sie uns gewähre. Allein das demütige, aufrichtige, liebevolle Gebet kann erreichen, dass derjenige, der uns die Schriften gab, uns auch ihren tiefen Sinn erschließt.

# Drei Beispiele

Bevor wir zusammenfassend einige der kostbarsten Früchte der *Lesung Gottes* aufzählen und beschreiben, ist es sinnvoll, drei Beispiele anzuführen, um zu sehen, wie unsere Vorfahren im Glauben sie praktizierten, denn 'Beispiele reißen mit' - 'exempla trahunt'. Zwei dieser Beispiele beziehen sich auf Heilige - Ambrosius von Mailand und Dominikus von Guzmán -, die überrascht wurden, als sie ihre *Lectio* verrichteten; das dritte Beispiel bietet uns die Benediktusregel.

## Ambrosius von Mailand

Der erste Text findet sich in den 'Bekenntnissen' des heiligen Augustinus und bezieht sich auf Ambrosius. Als Augustinus sich in Mailand aufhielt, mitten in den Kämpfen und Mühen seiner Bekehrung, interessierte er sich lebhaft für den Bischof Ambrosius, der durch seine Beredsamkeit und Heiligkeit glänzte. In den Abschnitten, die er seinem Werk widmet, schreibt Augustinus: „Nur sein Zölibat schien mir mühevoll zu sein. Aber ich konnte nichts ahnen, da ich es nie erfahren hatte ..., von den schmackhaften Wonnen, die er beim Wiederkäuen deines Brotes verkostete." Wenn man ihm Zeit ließ, „was selten der Fall war, widmete er sich entweder der Wiederherstellung der leiblichen Kräfte durch die notwendige Nahrung oder der geistigen durch die Lesung. Er las, indem er seine Augen über die Seiten gleiten ließ, während sein Herz ihren Sinn ergründete, ohne ein Wort zu sagen oder die Zunge zu bewegen. Sehr oft, wenn ich anwesend war - denn niemandem verbot er hineinzukommen, noch pflegte man ihm zu sagen, wer kam -, sah ich ihn still lesen, und nie anders; und nachdem ich lange Zeit dort schweigend gesessen hatte - denn wer wagte schon, einen so aufmerksamen Mann zu stören? -, ging ich weg, in der Annahme, dass er dieses bisschen Zeit, das man ihm ließ, um seinen Geist wiederherzustellen, frei von fremden Geschäften, nicht mit etwas anderem besetzt wissen wollte"[156].

Im vorhergehenden Text spiegeln sich sowohl die Art zu lesen und die Beharrlichkeit in der *Lectio* des Ambrosius als auch das Verständnis der *Göttlichen Lesung*, das Augustinus selber hatte. Als dieser den zitierten Abschnitt schrieb, hatte er tatsächlich über lange Jahre hinweg bereits erfahren, was *Lectio Divina* wirklich bedeutete. Gottes Brot wiederkäuen, die schmackhaften Wonnen verkosten, die die Kräfte des Geistes wiederherstellen, den Sinn des Textes mit dem Herzen ergründen - das sind so bezeichnende und klare Ausdrucksweisen, dass sich jeder Kommentar erübrigt. Was Ambrosius angeht, so erfahren wir, dass er der *Lectio* alle Zeit widmete, die ihm neben seinen vielen Aufgaben und der notwendigen Sorge um das leibliche Wohl frei blieb, und dass er - entgegen damaligem Brauch - still las, wohl deswegen, weil, wie oben erwähnt, sein Haus ständig aller Welt offen stand; die Leute betraten in aller Freiheit den Raum, in dem Ambrosius zu lesen pflegte. Nach Augustinus pflegte Ambrosius gewissenhaft die *Lesung Gottes*.

## Dominikus von Guzmán

Noch viel ausgemalter und ausführlicher ist die Beschreibung der *Lectio Divina* bei Dominikus von Guzmán, die in einem kuriosen Opusculum mit dem Titel 'Die neun Arten zu beten des heiligen Dominikus' enthalten ist. Die Zurückhaltung des Ambrosius, ihm auferlegt durch die Tatsache, dass er in seinem Haus in jedermanns Gegenwart lesen musste, wandelt sich bei dem Gründer des Predigerordens in Spontaneität und volle Freiheit.

Der anonyme Autor schreibt: „In aller Ruhe setzte sich Bruder Dominikus nieder und nachdem er sich bekreuzigt hatte, las er in einem Buch, das vor ihm lag. Seine Seele empfand sogleich eine angenehme Erregung, wie wenn er dem Herrn selbst zugehört hätte, der ihn ansprach, so wie geschrieben steht: 'Ich werde dem Wort lauschen, das der Herr in meinem Herzen spricht'. Und wie wenn er sich mit einem Gefährten unterhalten würde, schien er entweder seine Worte und Gedanken nicht mehr bei sich halten zu können oder ruhig zuzuhören, zu diskutieren oder zu kämpfen. Man sah ihn abwechselnd lachen und weinen, scharf blicken und die Augen senken; und dann leise mit sich selber sprechen und sich an die Brust schlagen. In den Augen irgendeines ihn heimlich beobachtenden Neugierigen erschien der heilige Vater Dominikus wie Mose, als er, immer tiefer in die Wüste hineinwandernd, am Gottesberg Horeb ankam, wo er den brennenden Dornbusch betrachtete, mit dem Herrn sprach und sich in dessen Gegenwart niederwarf. Dieser Gottesberg - ist er denn nicht wie das prophetische Urbild der heiligen Gewohnheit unseres Vaters, von der Lesung schnell zum Bittgebet hinaufzusteigen, vom Bittgebet zum (inneren) Gebet, vom (inneren) Gebet zur Kontemplation? Und während er auf diese Weise in der Einsamkeit las, verehrte er sein Buch, neigte sich ihm zu und küsste es liebevoll, vor allem, wenn es sich um das Buch der Evangelien handelte und er die Worte gelesen hatte, die Jesus geruhte durch seinen Mund auszusprechen"[157].

Wie gewiss bemerkt worden ist, sind fast alle Eigenschaften, die wir an der *Lectio Divina* bereits hervorgehoben haben, im vorhergehenden Text enthalten. Nach diesem Text las Dominikus mit Glauben, mit Aufmerksamkeit, mit Verstand und Herz, aktiv. Seine Begegnung mit Gott bewegte ihn innerlich; sie war persönlich und intim. Dominikus betete, während er las. Es entstand ein wahrer Dialog zwischen dem Leser und dem Wort Gottes. Die Mönche des 13. Jahrhunderts waren dabei, den Sinn und die Praxis der *Lectio Divina* zu vergessen - oder hatten es bereits getan; Dominikus von Guzmán blieb ihr weiterhin treu.

P. Lassus hat diesen Text wunderbar kommentiert[158]. Dominikus, sagt er, erscheine hier wie ein Schüler. Er wird Kind, er ist gefügig wie ein Schulkind. Denn wenn Gott spricht, muss der Mensch Kind werden, nicht nur um in das Reich Gottes zu gelangen, sondern auch, damit das Reich Gottes in ihn eindringt. Dominikus ist ein Armer, ein Bettler, doch er schämt sich nicht wegen seiner Kleinheit oder wegen seiner Unzulänglichkeit. Er sitzt da, mit offenen Händen, mit erhobenen Augen, reine Empfängnis für das Licht, bereit sich hinzugeben, vertrauensvoll auszuharren angesichts des erschreckenden und faszinierenden Geheimnisses Gottes, des Geheimnisses des Wortes Gottes, das nicht menschliches Wort ist - auch wenn es sich menschlicher Worte und Ausdrucksformen bedient -, sondern Unermesslichkeit, Unendlichkeit, Einfachheit: Er ist! Demütig, arm, mit der Offenheit eines kleinen Kindes, erwartet Dominikus schlicht, dass sich in ihm die Seligpreisung erfülle, die Jesus selbst verkündete, als er sagte: „Ich preise dich, Vater, Herr des Himmels und der Erde, weil du all das den Weisen und Klugen verborgen, den Unmündigen aber offenbart hast" (Mt 11,25).

Dominikus ist auch ein 'Mann der Sehnsucht'. Er begnügt sich nicht mit dem Äußeren des Wortes Gottes. Er sucht, bittet, ruft, lacht und weint. Er ist unersättlich. Er sucht, und wenn er findet, sucht er weiter. Die Liebe zeugt und belebt das Verlangen; die Liebe, die ihn dazu bewegt, sich tief vor dem Evangelium zu verbeugen und es zu küssen, weil im Evangelium Christus ist. Dominikus spricht und diskutiert mit seinem Gott. Dominikus ist Gesprächspartner Gottes - wie Adam im Paradies, in aller Parrhesía.

**Der Prolog der Benediktusregel**

Das dritte Beispiel weicht von den beiden anderen ab. In diesen erzählten uns zwei Autoren, in welcher Weise Ambrosius und Dominikus sich der *Lectio Divina* widmeten. Jetzt geht es um einen Autor, der uns indirekt anvertraut, wie er selbst sie praktizierte. Oder, wenn man so will, sind wir es, die durch seinen Text hindurch seine Art, Gott zu lesen, erahnen.

Es handelt sich um eine Persönlichkeit, die sich selber Meister und Vater nennt; ohne Zweifel, einen Abt. Der 'gütige Vater' richtet an seinen eventuellen Sohn eine bewegende Mahnung. Seine Worte fließen über von Zärtlichkeit und Weisheit. Es ist eine Weisheit, die von den Schriften getränkt ist; offensichtlich Frucht einer langen Praxis in der *Göttlichen Lesung*. Nur die tägliche Begegnung mit dem Wort Gottes kann so wunderbare Worte hervorbringen.

Die Ansprache hat als Hauptthema die monastische Berufung. Ihr Raster setzt sich zusammen aus Texten, Begriffen, Anklängen aus der Bibel. Gott spricht, Gott ruft, Gott wendet sich direkt und persönlich dem Menschen zu. Der Vater und Meister glaubt es nicht nur fest, er weiß es aus Erfahrung. „Stehen wir also endlich einmal auf!"- schreibt er - „Die Schrift rüttelt uns wach und ruft: 'Die Stunde ist da, vom Schlaf aufzustehen' (Röm 13,11). Öffnen wir unsere Augen dem göttlichen Licht und hören wir mit aufgeschrecktem Ohr, wozu uns die Stimme Gottes täglich mahnt und aufruft: 'Heute, wenn ihr seine Stimme hört, verhärtet eure Herzen nicht!' (Ps 95,8) Und wiederum: 'Wer Ohren hat zu hören, der höre, was der Geist den Gemeinden sagt!' (Offb 2,7) Und was sagt er? 'Kommt, Söhne, hört mir zu: die Furcht des Herrn will ich euch lehren' (Ps 34,12). 'Lauft, solange ihr das Licht des Lebens habt, damit die Schatten des Todes euch nicht überwältigen' (Joh 12,35)." Die biblischen

Texte sprudeln, fließen zusammen, verflechten sich miteinander in aller Natürlichkeit. Offensichtlich hat der Autor sie lange meditiert, hat sie in seinem Herzen bewegt, hat sie sich angeeignet und zur Substanz seines eigenen Wesens werden lassen. Und „wovon das Herz voll ist, davon spricht der Mund" (Mt 12,34).

Der Herr - Jesus Christus - „sucht in der Volksmenge, der er dies zuruft, einen Arbeiter für sich". Es ist die persönliche Berufung, die der Autor entdeckt, wenn er den Psalm 34 liest. Jesus Christus spricht zu ihm von Herz zu Herz. Nach der allgemeinen Einladung: „Kommt, ihr Söhne, hört auf mich! Die Furcht des Herrn will ich euch lehren" (V.12), fragt er: „Wer ist der Mensch, der das Leben liebt und gute Tage zu sehen wünscht?" (V.13); worauf er antwortet: „Ich!" Der Dialog ist gelungen. Mit den Worten desselben Psalms 34 nimmt Jesus Christus diese Antwort auf seinen Ruf an und sagt weiter: „Willst du wahres und unvergängliches Leben, bewahre deine Zunge vor Bösem und deine Lippen vor falscher Rede! Meide das Böse und tu das Gute; suche Frieden und jage ihm nach!" (Vv.14-15). Bis hierhin ist der Psalm wörtlich zitiert. Die folgenden Sätze sind von ihm (V.16) und von Jesaja inspiriert (Jes 58,9; 65,24). Der Herr fährt fort: „Wenn ihr das tut, blicken meine Augen auf euch, und meine Ohren hören auf eure Gebete; und noch bevor ihr zu mir ruft, sage ich euch: 'Seht, ich bin da'."Nach diesem Höhepunkt kann der Vater und Meister die innere Erregung nicht mehr zurückhalten und bricht in folgende Worte aus: „Liebe Brüder, was kann beglückender für uns sein als dieses Wort des Herrn, der uns einlädt? Seht, in seiner Güte zeigt uns der Herr den Weg des Lebens" (RB, Pr 12-20).

Der Weg des Lebens führt in das Reich Gottes. Aber, so werden wir gemahnt, „wollen wir in seinem Reich und in seinem Zelt wohnen, dann müssen wir durch gute Taten dorthin eilen; anders kommen wir nicht ans Ziel". Unser Vater und Meister will nicht, dass wir uns nur auf seine Worte verlassen; er ruft uns Jesus Christus ins Gedächtnis. „Fragen wir nun … den Herrn", sagt er. Er selber hat es getan, indem er in einer persönlichen Lesung den Psalm 15 durchging. Wiederum sind wir dabei, *Göttliche Lesung* zu üben. Der Psalm 15 legt uns die Frage in den Mund, in den Mund jedes Einzelnen von uns: „Herr, wer darf wohnen in deinem Zelt, wer darf weilen auf deinem heiligen Berg?" (V.1) „Hören wir, Brüder", betont nachdrücklich der Autor, „was der Herr auf diese Frage antwortet". Jesus Christus antwortet tatsächlich; er antwortet uns: „Der makellos lebt und das Rechte tut; der von Herzen die Wahrheit sagt und mit seiner Zunge nicht verleumdet; der seinem Freund nichts Böses antut und seinen Nächsten nicht schmäht" ... (Vv.2-3). Und der Herr fährt fort, seinem Jünger mit Sätzen sowohl aus dem Alten als auch aus dem Neuen Testament - das ist gleich, es ist immer Er, der in beiden Testamenten spricht - über das so wichtige Thema zu reden. Die Schlussfolgerung ist: „Brüder, wir haben also den Herrn befragt, wer in seinem Zelt wohnen darf, und die Bedingungen für das Wohnen gehört" (RB, Pr 22.39).

Der Prolog der Benediktusregel, wie so viele andere Werke aus der Antike und dem Mittelalter, offenbart uns, wie unsere Väter im Glauben die Bibel lasen.

# Früchte der Lectio Divina

Wie bereits gesagt, ist die *Lectio* eine absichtslose Lesung. Man liest, um zu lesen. Man geht in die Lesung hinein wie in den Audienzsaal Gottes, Jesu Christi. Was interessiert, ist, mit Gott zu sein, mit Jesus; seine Stimme zu hören, um ihm in der *Lectio* zunächst selber mit Worten zu antworten und dann, im Laufe des Lebens, mit Werken. Aber dies alles bedeutet nicht, dass der Mensch neben der großen Gnade, in Audienz empfangen worden zu sein, nicht noch andere Früchte seines Dialoges mit Gott pflücken dürfte.

Die Früchte der *Lectio Divina* sind zahlreich und sehr schmackhaft. Nach Benedikts Ansicht führt sie uns zur Vollkommenheit, nach Bernhard flößt sie uns Weisheit ein, nach Feriolus erweckt sie den geistlichen Eifer, nach Bernhard Ayglier vertreibt sie die Blindheit des Geistes, erleuchtet den Verstand, heilt die Schwachheit des Geistes, sättigt den Hunger der Seele, bringt die Reue des Herzens hervor[159]. Fassen wir die Früchte der *Lesung Gottes* nach dem Zeugnis der alten Mönche zusammen: „Die *Lectio Divina* war das Paradies des Mönches, der Ort seiner geistlichen Wonnen. Sie tröstete ihn in seinen Prüfungen, reinigte ihn von seinen Leidenschaften, erhielt ihn eifrig im göttlichen Dienst und bewegte ihn zu Tränen der Reue, verlieh seinem Gebet die Stimme und gab ihm die Nahrung seiner Kontemplation"[160]. Die Liste könnte ohne weiteres verlängert werden. Es ist unmöglich, hier alle Früchte der *Lectio* zu behandeln; schauen wir uns wenigstens einige an, die besonders hervorragen.

## Biblische Mentalität

Als Erstes kann man sagen, dass die persönliche, beständige und tiefe Begegnung mit dem Wort Gottes im Leser eine so 'biblische Mentalität' erzeugt. Die Gedanken, Ausdrücke, Bilder der Schrift werden immer mehr zu seinem geistlichen Vermächtnis. Sein Glaube nährt sich von den Wahrheiten der Bibel; sein sittliches Leben richtet sich nach den in der Bibel enthaltenen Gesetzen, Weisungen, Vorbildern; seine Gedanken und Vorstellungen, oft so unnütz oder gar gefährlich, werden mit großem Vorteil ausgetauscht durch die Gedanken und Bilder der Bibel, d.h. durch die Gedanken und Bilder Gottes, Jesu, der Freunde Gottes. Der Leser gewöhnt sich daran, wie selbstverständlich an die Wirklichkeit der Erlösung zu denken, er erhebt sich leicht zu ihr. Er denkt und spricht mit der Bibel und wie die Bibel. Christus nachfolgend, findet er in der Schrift ein Waffenarsenal, um in der Versuchung zu siegen. Mit einem Wort: Die Bibel bildet schließlich einen integrierenden Teil seiner Persönlichkeit - oder besser gesagt, diese wird durch die Lesung der Bibel schließlich verwandelt. Mit vielen Anderen rät Cassian: „Ist einmal alle Sorge und jeder irdische Gedanke beiseite geschoben, widme dich mit Eifer und ohne Unterlass der heiligen Lesung, bis die unablässige Meditation deinen Geist durchtränkt oder, wenn man so sagen darf, die Schrift dich nach ihrem Urbild umwandelt"[161].

## Vollständige Erneuerung

In der *Göttlichen Lesung* geschieht tatsächlich, was Irenäus sagt: Gott nimmt uns in seine beiden Hände - von außen das Wort, von innen der Geist. Und er wandelt uns radikal um. Die *Lectio* spielt im geistlichen Leben eine läuternde Rolle, so behaupten durchgängig die Väter und monastischen Autoren. Paulus sagt selber: „Und alles, was einst geschrieben worden ist, ist zu unserer Belehrung geschrieben, damit wir durch Geduld und durch den Trost der Schrift Hoffnung haben" (Röm 15,4). In diesem Zusammenhang schrieb Basilius von Caesarea: „Da du den Trost der Heiligen Schrift hast, brauchst du weder mich noch sonst jemand, um das Rechte schätzen zu lernen, denn es genügt dir der Rat des Heiligen Geistes und seine Führung zum Guten"[162]. Die Tatsache, dass die *Lectio* sich als ein wunderschönes Instrument zur Reform, zur Erneuerung und zum geistlichen Fortschritt erwies, beweist die Geschichte, vor allem die monastische Geschichte unwiderleglich. In der Benediktsregel erscheint gewöhnlich jede Erwähnung der Lesung zusammen mit dem Gedanken des Aufbaus. In der Tat, die *Lectio* erbaut, baut die Seele auf, im starken Sinn des lateinischen Verbs (construire); denn der Mensch ist, was er liest. Der 'neue Mensch', der wir in der Taufe zu sein beginnen, gelangt so zu seiner Reife. Der Mönch, der der Praxis der *Lectio* treu bleibt, wird so zum 'Mensch Gottes', Diener und Zeuge des Wortes; ein 'Mensch Gottes', empfindsam gegenüber seiner Gegenwart und den Eingebungen seines Willens, „erfüllt vom Geist der Weisheit, bereit zum heiligen Lobpreis, gewillt, Gott in allen Umständen des Gemeinschaftslebens zu dienen und Zeuge des Herrn durch sein Leben zu sein"[163].

Alle diejenigen, die fasziniert vom Wort Gottes in die Schule dieses Wortes eintreten und dort ausharren, verwirklichen das bekannte Thema des Origenes, das Bernhard und andere geistliche Autoren weiterentwickelt haben: 'das Wort im Herzen empfangen'. Origenes sagt: „Du kannst Gott nichts von deinem Geist oder von deinem Wort darbringen, wenn du nicht erst in deinem Herzen empfängst, was geschrieben worden ist"[164]. Was will er damit sagen? Er will sagen, dass wir nur dann brauchbare Gesprächspartner Gottes sein können, wenn die Schrift in uns verwurzelt ist, zu unserer eigenen Substanz geworden ist, oder, was dasselbe ist, Christus, Gottes Wort, sich in uns gebildet hat. Ist nicht dies das wahre Ziel der *Göttlichen Lesung* sowie der Gesamtheit aller das christliche Leben integrierenden Elemente? Gottes Wort im Herzen empfangen! Das erlösende Wort, aufgenommen nach den gegebenen Umständen, bildet Christus in uns, macht uns wahrhaft zu Christen.

## Objektive Frömmigkeit

Die *Lectio Divina* verleiht der Frömmigkeit überdies einen objektiven Charakter. Weit davon entfernt, sie auf Phantasien und Gefühlsduselei zu gründen, baut sie sie auf Tatsachen, Vorbilder und reale Mysterien auf, mit denen sich der Christ zu identifizieren sucht. Sie zentriert sie in Gott, oder exakter, in Christus und in die Heiligste Dreifaltigkeit. Iñaki Aranguren hat in aller Schärfe ausgeführt, dass ohne die *Lectio Divina* im engsten Sinn des Wortes - Lesung des in der Schrift enthaltenen Wortes Gottes - „das kontemplative Gebet dem Nihilismus, dem fiebrigsten Subjektivismus oder der krankhaftesten Gefühlsduselei verfallen würde"[165].

## Leben des Gebetes

Die *Göttliche Lesung* begünstigt und belebt das Gebetsleben. Die alten Mönche schätzten sie in erster Linie als eine Übung, um ihre Gedanken zu sammeln, das Vagabundieren des Geistes zu meiden, wie Evagrius Ponticus sagt[166]. Außerdem verleiht sie Frieden, Gelassenheit, Trost; ohne dies fehlt es dem Gebet an Stabilität. Die Deutung der sichtbaren und unsichtbaren Dinge, des Lebens und der menschlichen Geschichte 'aus dem Blickwinkel Gottes', die die Lesung der Bibel ermöglicht, die Kenntnis des Ratschlusses Gottes über die Menschheit und über jeden Menschen - ein Ratschluss, der in der Sehnsucht besteht, sich dem Menschen mitzuteilen, sich mit ihm zu vereinen, bis zu ihm hin die lebendige Communio zu verlängern, die das innerste Geheimnis Gottes ausmacht - das alles erwirkt in der Seele einen großen Frieden. Der gläubige und beständige Leser der Schrift weiß mit unzerstörbarer Gewissheit, dass Jemand an ihn denkt, dass Jemand zur Begegnung mit ihm aufgebrochen ist, dass Jemand bei ihm ist. Seine Seele fühlt sich gestärkt wie in der Gegenwart eines Freundes. Das alles fördert natürlich ein Leben der bewussten, intensiven Vereinigung mit Gott.

## Erfahrung Gottes

Mehr noch: Die *Lectio Divina*, in Treue geübt, ermöglicht die Erfahrung Gottes. 'Erfahrung' ist ein in unserer Zeit missbrauchter Begriff. In Wahrheit hat er nichts mit Esoterik zu tun. Er bedeutet schlicht 'die Gnade des intimen Gebetes', der *affectus divinae gratiae*, von dem Benedikt spricht (RB 20,4), das Verkosten und Schmecken der göttlichen Wirklichkeiten, wie die patristische Tradition beständig zeigt. Es ist ein gewisses Innewerden der Vereinigung mit Gott durch Christus im Gebet.

Das Gebet, das lebendige und wahre Gebet, das aus der Begegnung mit dem Wort Gottes hervorquillt, ist eines ihrer besten Früchte - oder, besser gesagt, es bildet einen Teil der *Lectio*. So wie es auch ein wesentlicher Bestandteil der *Meditatio* ist, bei der wir in unserem Geist einen Raum schaffen, in dem das Wort Gottes widerhallen kann. L. Alonso Schökel fasst die patristisch-monastische Tradition zusammen, wenn er schreibt: „Schaffen wir uns in unserem Geist einen Raum, in dem Gottes Wort nachklingt: Im Nachklingen wird er uns mit seiner Gnade anrühren. Und im Nachklingen dieses Wortes weitet sich der Raum unseres Geistes, um mächtigeren Widerhall aufzunehmen. In diesem innerlichen Raum ist Gott gegenwärtig in seinem Wort. Und dann nimmt unser Geist ein anderes Gotteswort, um ihm zu antworten in Hymnus und Gebet; und ein andermal lässt er es innerlich nachklingen, damit dieses Wort, jetzt unseres, Gott im innerlichen Raum anrührt. So währt das Zwiegespräch, die Einigung mit Gott, welche Gnade und Erlösung ist; die personale Einigung im Wort, das wirklich göttlich und menschlich ist. Indem Gott auf menschliche Weise eine menschliche Sprache sprach, hat er uns gesucht und ist er uns begegnet; und indem Gott uns begegnet, sind wir ihm begegnet im Geheimnis seines Wortes"[167].

**Große Freude**

Das Kloster, schreibt Thomas Merton, ist eine Schule, in der der Mönch von Gott selbst lernt, glücklich zu sein. Das stimmt. Und es stimmt auch, dass die *Lectio Divina*, als wesentliche monastische Observanz, auf vorrangige, außerordentliche, einzigartige Weise dazu beiträgt. Der erste Psalm sagt es deutlich:

„Wohl dem Mann,
der nicht dem Rat der Frevler folgt,
nicht auf dem Weg der Sünder geht,
nicht im Kreis der Spötter sitzt,
sondern Freude hat an der Weisung des Herrn,
über seine Weisung nachsinnt bei Tag und bei Nacht" (Ps 1,1-2).

Nicht nur Gott sagt uns in der *Lectio*, wie wir glücklich sein können, die *Lectio* selbst ist unser Glück. Hieronymus, unbestreitbar ein Meister in allem, was mit der *Göttlichen Lesung* zu tun hat, schrieb wunderschöne Gedanken zu diesem Thema. Er kannte aus Erfahrung die in den Schriften verborgenen Wonnen, die denen zukommen, die sie zu entdecken wissen. „Ich frage dich, liebster Bruder", schrieb er an Paulinus von Nola, „mit diesen Dingen zu leben, sie zu meditieren, nichts wissen, nichts suchen außerhalb ihrer - meinst du nicht, dies bedeutet jetzt schon hier auf Erden eine Wohnung des himmlischen Reiches zu haben?"[168] Und an Paula, seine treue Schülerin im asketischen Leben und in der Bibellesung: „Welche köstlicheren Speisen, welchen süßeren Honig könnte es geben als die Vorsehung Gottes zu kennen, seine Geheimnisse zu ergründen, den Plan des Schöpfers zu erforschen und von den Worten deines Herrn belehrt zu werden, die für die Weisen dieser Welt Anlass zu Spott sind, die aber von geistlicher Weisheit erfüllt sind? Mögen andere ihre Reichtümer haben, mögen sie aus mit Perlen verzierten Kelchen trinken, mögen sie mit ihrer Seide glänzen, mögen sie die Aura der Berühmtheit genießen, mögen sie unfähig sein, von ihrem Überfluss zu lassen - unsere Freude sei es, Tag und Nacht in der Weisung des Herrn zu meditieren, an die Tür zu klopfen, die sich nicht umsonst öffnet, das Brot der Dreifaltigkeit zu empfangen, und, da der Herr uns vorangeht, auf den Wogen dieser Zeit zu wandeln"[169].

Wäre es falsch zu behaupten, dass - paradoxerweise - die köstlichste Frucht der *Lectio Divina* die *Lectio Divina* selbst ist? Die suchende Lesung führt zur Lesung, die findet; die mühsame, beharrliche, asketische Lesung bringt die geruhsame, süße, kontemplative, mystische Lesung hervor.

# Elemente der Lectio Divina

Die *Göttliche Lesung* hat mehrere Elemente, die mehr oder weniger interessant sind. Halten wir drei fest: die *Meditatio*, die *Collatio* und die *Eructatio*. Da es sich um Fachausdrücke handelt, ist es angebracht, sie auf lateinisch zu nennen.

## Meditatio

Das wichtigste dieser drei Elemente ist ohne jeden Zweifel die *Meditatio*; sie ist so wichtig, dass sie unbedingt selbst ein Teil der *Lectio* ist und häufig mit ihr identifiziert wird.

*Meditatio* und meditari (oder meditare) sind keine leicht zu übersetzenden Begriffe. Auf keinen Fall bedeuten sie 'Meditation' und 'meditieren', so wie sie heute, nach einer langen semantischen Entwicklung, verstanden werden. In der Tat, im Zuge der immer stärker werdenden Dominanz des Rationalen im Bereich des Gebetes und der Kontemplation, veränderte sich wesentlich die Bedeutung von *Meditatio*, bis sie zu einer Reflexion über die Wahrheiten des Glaubens wurde. Am Anfang jedoch und über lange Jahrhunderte hinweg bedeutete sie etwas anderes. In Wahrheit haben sowohl *Meditatio* als auch meditari oder meditare mehrere Bedeutungen und Nuancen. In der christlichen und vor allem monastischen Antike enthält das Wort melete (griechisch) oder *Meditatio* (lateinisch) vor allem zwei Bedeutungen:

1. Einen Text auswendig lernen - manchmal die Evangelien, normalerweise den Psalter usw. -, indem er laut wiederholt wurde. Das war für Analphabeten die einzige Möglichkeit, die Bibel zu 'lesen'. Aber auch diejenigen, die lesen konnten, lernten Texte auswendig, um sie in Zeiten, wo nicht gelesen wurde, wiederzukäuen.

2. Einen bestimmten Text auswendig oder lesend rezitieren[170].

Die *Meditatio* oder 'Melete' wurde nicht von Mönchen erfunden, noch nicht einmal von Christen. Sowohl in der jüdischen als auch in der heidnischen Welt wurde sie von altersher geübt. Bekanntlich verlangten einige philosophische Schulen von ihren Anhängern, gewisse Sentenzen auswendig zu lernen und sich darin zu üben, sie laut zu wiederholen. Die

Juden ihrerseits praktizierten - und praktizieren zum Teil immer noch - die *Meditatio* der Bibel.

André Chouraqui gibt uns einige sehr interessante Informationen zu diesem Thema. Psalm 1 sagt: „Wohl dem Mann, der nicht dem Rat der Frevler folgt …, sondern Freude hat an der Weisung des Herrn, über seine Weisung nachsinnt bei Tag und bei Nacht" (Ps 1,1-2). Der Mensch verliebt sich nicht in irgendein Gesetz, sondern in die Torah, womit zuallererst alles das gemeint ist, was aus Gott hervorströmt, sein Schöpferwort und alles, was dieses ausdrückt - in erster Linie, die Schriften, die es offenbaren. Dieses Verlangen des Menschen - es ist angemessener, mit 'Verlangen' zu übersetzen als mit 'Freude' - zeigt sich in einer konkreten Haltung: hagah, ein Verb, das gewöhnlich mit 'meditieren' übersetzt wird. Tatsächlich lautet seine erste Bedeutung 'seufzen', 'brummen', 'murmeln', 'sprechen'. Es steht für das Grollen des Löwen, für das Gurren der Taube, für das Seufzen des Menschen. Nur im übertragenen Sinn kann das Wort 'hagah' auch mit 'ausdrücken', 'Selbstgespräche führen', ferner 'meditieren', 'träumen', 'phantasieren' übersetzt werden. Doch sind wir schon weit entfernt von den ersten Bedeutungen, die immer konkret und unmittelbar sind. Die Meditation übt man nicht abstrakt, vielmehr erfordert sie eine Tat: die ersehnte, weil geliebte Torah Jahwes zu öffnen und den Text Tag und Nacht zu murmeln. Es geht hier nicht um orientalische Übertreibungen, sondern darum, die Torah ohne Unterlass zu murmeln, wirklich - selbst im Schlaf, beim Essen und auf Reisen. Chouraqui bezeugt, es selbst erfahren zu haben, als er die Bibel ins Französische übersetzte. „Das aus der Liebe geborene Verlangen bewirkt eine wesentliche Vereinigung des Liebenden mit dem Geliebten." Dies bezeugt der Text von Ps 1,2: Die Torah Jahwes wird zu 'seiner' Torah, zur Torah des Menschen. „Es ist wie ein Sterben sich selbst gegenüber und ein Wiedererstehen ins Licht der Liebe: Der Mensch ist selber zur Torah Jahwes geworden und kann nicht anders, als sie Tag und Nacht zu murmeln. Nicht weil er sich anstrengen würde, dies zu tun, sondern absichtslos, einfach weil er so geworden ist unter der inneren Regung der Liebe"[171].

Die von der Bibel geerbten Methoden der Unterweisung „zielen darauf, den Menschen mit der Torah Jahwes unauflöslich zu vermählen". Es geht darum, sie sich anzueignen, sie zu verschlingen. Dies kann man in den

Yeshivot sehen; das sind theologische Schulen in Jerusalem, die die von der Bibel ererbten Traditionen verewigen. Mehr als einem Universitätssaal gleicht die Yeshiva einem „Schlachtfeld, auf dem jeder 16 bis 18 Stunden täglich seine Torah nicht nur murmelt, sondern hinausruft, was einen für Außenstehende undurchschaubaren Lärm verursacht. Auf diese Weise lernt der Schüler sehr schnell seine Texte auswendig; für ihn ist die Torah Jahwes zu seiner Torah geworden, lebendig bis zur 'Besessenheit', in seinem stets auf dasselbe Ziel hin ausgerichteten Geist"[172].

Chouraquis Beobachtungen erscheinen überaus erhellend für das Verständnis dessen, was die alten und mittelalterlichen Mönche vor allem wollten, wenn sie die *Meditatio* praktizierten: das Gelesene besser assimilieren, vollständig assimilieren, durch eine Art Kauen und Verdauen, vergleichbar mit der Art der Wiederkäuer. Sowohl bei den alten als auch bei den mittelalterlichen Mönchen kommen die Begriffe *Ruminatio* und ruminare als Synonyme von *Meditatio* und meditare vor. J. B. Lotz vergleicht die *Meditatio* mit einem guten Weinkenner, der auf der Zunge einen edlen Wein langsam zergehen lässt und die Zunge hin und her bewegt, bis er seinen Geschmack vollkommen ausgekostet und ganz aufgenommen hat[173]. A. Louf denkt unwillkürlich an das 'friedliche und unaufhörliche Wiederkäuen der Kühe' im Schatten eines Baumes. „Das Bild ist etwas derb, aber beredsam: Es erinnert an Muße, an Ruhe, an ungestörte Sammlung, an eine geduldige Assimilierung"[174]. F. Ruppert zieht den Begriff *Ruminatio* dem der *Meditatio* vor - auch wenn er anerkennt, dass es Synonyme sind -, denn der erste Begriff widersteht besser der Gefahr des Intellektualismus. Nach seiner Ansicht besteht die *Ruminatio* aus zwei Teilen: erstens: häufig oder gar ständig ein Wort oder einen Text wiederholen; zweitens: dieses Wort innerlich verkosten und assimilieren. Das Bild des Kauens, der Verdauung und der inneren Assimilation ist für den gewollten Effekt geeigneter: das Wort Gottes nicht in den Kopf, sondern ins Herz eingehen zu lassen[175].

Von Beginn des Mönchtums an erscheint die *Meditatio* als ein Element, das unter die wesentlichsten zu zählen ist. Antonius und die Eremiten, Pachomius und seine Schüler praktizierten sie[176]. Die Meister der Mönche empfahlen sie, gaben sie (ihren Schülern) als Übung auf, ohne müde zu werden, auf ihre Dringlichkeit hinzuweisen. Ein Antonius zugeschriebenes Apophthegma einer koptischen Sammlung sagt, der Mönch solle nicht wie ein Pferd sein, das viel und zu allen Stunden frisst und das Gefressene sofort wieder verliert, sondern er solle wie das Kamel sein, das wiederkäut, was es gefressen hat, bis die Nahrung „in seine Knochen und in sein Fleisch eingeht"[177]. Cassian lehrte: „Wir müssen danach trachten, die göttlichen Schriften auswendig zu lernen und sie in unserem Geist unaufhörlich wiederzukäuen. Diese unablässige Meditation wird uns zwei Hauptfrüchte bescheren. Die erste besteht darin, dass die Aufmerksamkeit, beschäftigt mit Lesen und Studieren, frei ist von schlechten Gedanken. Die zweite, dass wir, nachdem wir mehrere Male gewisse Passagen durchgegangen sind, uns bemühen, sie auswendig zu lernen; und wenn es uns nicht gelungen war, sie zu verstehen - weil unserem Geist die Freiheit dazu fehlte - können wir sie nachher, frei von den Zerstreuungen, die uns gefangen hielten, erneut schweigend wiederholen, vor allem nachts, und wir erfassen sie intuitiv mit größerer Klarheit - so sehr, dass wir manchmal in ihren verborgensten Sinn eindringen, und was wir tagsüber nur oberflächlich verstehen konnten, erfassen wir nachts, wenn wir in tiefen Schlaf untergetaucht sind"[178].

In seiner 'Nonnenregel' ermutigt Caesarius von Arles die Nonnen, niemals die „*meditatio* des Wortes Gottes und das Herzensgebet aufzugeben"[179]. Und weiter mahnt er: „Welches Werk auch immer ihr gerade tut, wenn es nicht eine Lesung ist, kaut ohne Unterlass etwas aus der Hl. Schrift wieder"[180]. In seinem berühmten 'Goldenen Brief' an die Kartäuser von Mont-Dieu sagte Wilhelm von Saint-Thierry: „Es ist notwendig, jeden Tag einen Bissen aus der täglichen Lesung abzubeißen und dem Magen des Gedächtnisses zu übergeben; eine leicht zu verdauende Passage, die, dem Mund zurückgegeben, Objekt eines häufigen Wiederkäuens sein wird"[181].

Mögen diese Zeugnisse als Kostprobe dienen für eine ununterbrochene Tradition im Schoß des alten und mittelalterlichen Mönchtums. Außerhalb desselben, auch unter den Protestanten, wurde eine gewisse *Meditatio* oder *Ruminatio* der Schrift praktiziert. Luther selbst empfahl sie: „Nachts musst du unbedingt eine Passage aus den heiligen Schriften, die du auswendig kennst, mit dir ins Bett nehmen, damit du wiederkäuend ruhig einschläfst wie ein reines Tier; dieses Stück soll eher klein als groß, aber gut meditiert und verstanden sein. Und wenn du morgens aufstehst, musst du es wiederfinden wie ein Erbe aus dem vergangenen Tag"[182].

Und wir haben weiter oben gesehen, wie Dietrich Bonhoeffer häufig im Laufe des Tages einen Schrifttext meditierte, den er für die Woche auswählte, und wie er versuchte, „tief in ihn einzutauchen, um wahrhaft verstehen zu können, was uns in ihm gesagt wird".

Meditare, ruminare - schreibt J. Leclercq - heißt „sich innig anschmiegen an den rezitierten Satz und alle seine Worte erwägen, um die Fülle seiner Bedeutung zu erlangen"; es heißt, „den Inhalt eines Textes durch eine Art Wiederkäuen zu assimilieren, das seinen ganzen Geschmack freisetzt"; es heißt, „ihn verkosten mit dem Gaumen des Herzens"[183]. Die *Lectio Divina* wurde allerdings oft mit der *Meditatio* verwechselt, da sie unter den Alten und Mittelalterlichen nicht leise zu sein pflegte: Lasen sie, dann sprachen sie das Gelesene aus - mit lauter Stimme, mit leiser Stimme oder zumindest innerlich -, und während sie unablässig gewisse Texte wiederholten, um sie im Gedächtnis zu behalten und umzusetzen, praktizierten sie in der Tat die *Meditatio*.

Und diese geistige Aktivität war, wie man leicht verstehen wird, nicht nur *Meditatio*, sondern auch *Oratio*. Wie soll man das Wort Gottes im Gaumen verkosten und kauen, ohne diesem liebenden und erlösenden Wort herzlich zu antworten? *Lectio*, *Meditatio* und *Oratio* stellen also drei so eng aufeinander bezogene Aspekte dar, dass sie oft zu Synonymen werden. Guigo II., Prior der Großen Kartause, fügt - wie wir bereits gesehen haben - dieser Dreiheit die Kontemplation als vierte Stufe der 'Scala claustralium' hinzu: „Die *Lectio* setzt ein kräftiges Mahl vor, die *Meditatio* kaut es, ... die *Oratio* schmeckt es, ...die *Contemplatio* ist der Geschmack selber"[184].


## Collatio

Die privat verrichtete *Lectio Divina* findet eine häufige Ergänzung in der *Collatio*, jedenfalls nach den alten und mittelalterlichen monastischen Texten. Das Wort ist ausdrucksstark. Es stammt von 'conferre', im Sinne von 'konfrontieren' und auch 'zusammentragen'.

Worin bestand die *Collatio*? Es ist ein rein geistlicher Austausch, in dem die persönlichen Erfahrungen, die in der Begegnung mit dem Wort Gottes geschenkt worden waren, mitgeteilt wurden. In diesem Austausch war jeder Teilnehmer frei vorzulegen, was der heilige gelesene und verkostete Text in der Intimität des Dialogs mit Gott ihm gegeben hatte: Gedanken, Gefühle, Vorsätze ..., was zur Erbauung und Bereicherung aller diente. Häufig war das Ziel der Teilnehmer im Austausch kein anderes, als sich gegenseitig zu helfen, die Fragen zu lösen, die der Text aufwarf: was dieser oder jener Begriff bedeutete, wie eine bestimmte Passage zu verstehen war ... Und immer mit einem praktischen Ziel: das eigene Leben besser dem Wort Gottes anzupassen.

Bei dem Begriff *Collatio* denkt jeder gleich an die berühmten Collationes Cassians. In Wirklichkeit sind die Gespräche zwischen Cassian und seinem Freund Germanus auf der einen Seite und manchem der berühmtesten damaligen Wüstenväter auf der anderen, die die Collationes uns bieten, eine rein literarische Fiktion. Dennoch gründen sie in der Realität. Es gab damals viele, Laien oder junge Mönche, die die Einsiedeleien Ägyptens und anderer Gegenden abklapperten auf der Suche nach dem 'erlösenden Wort', nach Licht, nach Erbauung für ihr eigenes geistliches Leben. Überdies geben uns die Collationes Einblick in die Struktur, das Objekt und den Geist der echten geistlichen Gespräche der alten Mönche, die leider verloren gingen oder - besser gesagt - nie schriftlich festgehalten worden sind. In der Tat, diejenigen, die in der Vita Antonii oder in anderen monastischen Dokumenten zu finden sind, sind aller Wahrscheinlichkeit nach genauso fiktiv wie die des Cassian. Womöglich finden sich die authentischen Spuren jener Gespräche am ehesten in einigen wenigen Apophthegmata, die sich auf sie beziehen und uns einiges von dem zu erkennen geben, was in ihnen vor sich ging. Diese geistlichen Gespräche werden ebenfalls in einigen Dokumenten aus der pachomianischen Koinonia erwähnt; so lesen wir in dem Supplement des hl. Orsiesius zu einer Vita des hl. Pachomius: „Von Anfang an pflegten sie täglich am Nachmittag nach der Arbeit und dem Imbiss sich zusammenzusetzen und sich über die Schriften auszutauschen"[185]. Das Interesse und der Gewinn jener geistlichen Gespräche für diejenigen, die an ihnen teilnahmen, ist offensichtlich. Die persönlichen Erfahrungen in der Begegnung mit der Schrift mitzuteilen, sie denjenigen anderer Mönche gegenüberzustellen, das konnte überaus mächtig anspornen, um voranzukommen auf dem Weg der Askese und in der beharrlichen Übung der *Lesung Gottes*.

# Eructatio

Das Wort *Eructatio*, so unangenehm für modernes Empfinden, ist das Substantiv des Verbs eructare, 'aufstoßen'. Es gehört also zur Terminologie des Essens und der Verdauung. Es stößt derjenige auf, der satt, übersättigt, voll genährt ist. Möglicherweise ist der Gebrauch dieses Begriffs beeinflusst durch den Anfang von Ps 45 in der Version der Vulgata: „Eructavit cor meum verbum bonum", den wir heute viel feiner übersetzen: „Mein Herz fließt über von froher Kunde". Oder vielleicht Ps 145,7: „Memoriam abundantiae suavitatis tuae eructabunt", der heute in unseren Gotteshäusern so klingt: „Sie sollen die Erinnerung an deine große Güte wecken". Dennoch weichen diese Übersetzungen vom Originaltext nicht ab, denn eructare bedeutet auch 'aussprechen', 'ausdrücken', vor allem wenn es um die inspirierte Sprache der Propheten geht.

Was wollten die geistlichen Schriftsteller mit diesem Begriff - biblisches Symbol der Begeisterung und der Liebe - ausdrücken? Ganz einfach dies: Alle unsere Gespräche, alle unsere Schriften, sollten nichts anderes sein als ein Überschwang, ein Überfließen aus der Überfülle und Dichte der Gedanken und Gefühle, die die *Lectio Divina*, die *Meditatio*, die beständige, persönliche und intime Begegnung mit dem Wort Gottes nach und nach in unserem Geist gezeugt und aufgespeichert hat.

Abt Hiperiquius sagte: „Der Mönch fließe über an Worten der Güte; aus seinem Mund mögen die Worte des Höchsten hervorquellen"[186]. Und nach Johannes Chrysostomus sammelten die Eremiten von Syrien in der Lesung der heiligen Bücher „den Honig ihrer Gebete und ihrer Gespräche"[187]. Es sind wunderschöne und wahre Gedanken. Das geschriebene Wort Gottes teilt uns 'die Worte des Höchsten', 'den Honig' zu - das heißt das Beste -, den wir eben diesem Gott zurückgeben können, nachdem wir ihn uns im Gebet angeeignet und mit unseren Brüdern und Schwestern geteilt haben in unserem Umgang mit ihnen. Es ist ein Honig, der spontan über die Lippen kommt und aus dem Herzen hervorfließt, ohne Vorüberlegung, ohne Anstrengung, ja fast ohne es zu bemerken. Dass dies alles keine Einbildung ist, belegen uns viele Schriften von Männern und Frauen, die wahrhaftig ein Überfließen, ein ununterdrückbares Mitteilen, ein unaufhaltsames Ausströmen des Besten dessen sind, was in ihrer Seele lebte. Und das alles war Wirkung der *Lectio Divina*, der *Meditatio*, wie unbestreitbar die vielen aus der Schrift stammenden Zitate, Anklänge, Bilder, Ausdrücke und Begriffe beweisen, die das Grundmuster jener Schriften bilden.

Zusammenfassend kann man sagen: Die *Lectio Divina*, in der das Wort Gottes verkostet wird, in der einer bezaubert wird von der Begegnung und Gemeinschaft mit diesem Wort, ist nur möglich im inneren Raum des Herzens - einem Resonanzkörper, in dem das ständige Bewegen der Wahrheit und des Lebens, die uns mitgeteilt werden, durch den Widerhall lebendig wird. So, wie Maria alle Worte, die über ihren Sohn gesagt wurden, in ihrem Herzen bewahrte und bewegte (Lk 2,19), so hört der treue Leser der Schrift niemals auf, sich in der *Meditatio* zu üben, um das Wort Gottes zu vertiefen, es sich anzueignen und zur Substanz seines eigenen Wesens werden zu lassen. Und dann teilt er es ganz natürlich den Brüdern und Schwestern mit, teilt es mit ihnen, wie die Kirche an den Festen der Kirchenlehrer singt: „Der Mund des Gerechten bewegt Worte der Weisheit, seine Zunge redet, was recht ist. Denn er trägt die Weisung Gottes im Herzen" (Ps 37,30-31). Was seine Lippen bewegen, hat er lange meditiert und in seinem Innern gelebt.

Im Zusammenhang mit der Predigt des Augustinus hat F. van der Meer geschrieben: „Kaum berührt er die Texte, öffnen sich diese wie Blumen in der Morgensonne. Und wenn die Texte ihn berühren, werden sie zu Quellen lebendigen Wassers, das ins ewige Leben fließt. Dann quillt von den zutiefst verborgenen Passagen der Schrift her aus seinem Mund lebendiges Wasser hervor"[188]. Dies ist die *Eructatio*, von der die alten Autoren sprechen.

# Die Lesung der Väter

## Sekundärer Gegenstand der Lectio Divina

Die Benediktusregel sagt im 73. und letzten Kapitel: „Für den aber, der zur Vollkommenheit des klösterlichen Lebens eilt, gibt es die Lehren der heiligen Väter, deren Beobachtung den Menschen zur Höhe der Vollkommenheit führen kann. Ist denn nicht jede Seite oder jedes von Gott beglaubigte Wort des Alten und Neuen Testamentes eine verlässliche Wegweisung für das menschliche Leben? Oder welches Buch der heiligen katholischen Väter redet nicht laut von dem geraden Weg, auf dem wir zu unserem Schöpfer gelangen? Aber auch die Unterredungen der Väter, ihre Einrichtungen und Lebensbeschreibungen, sowie die Regel unseres heiligen Vater Basilius, sind sie nicht für Mönche, die recht leben und gehorsam sind, Anleitungen zur Tugend?" (RB 73,2-6)

Benedikt empfiehlt hier offensichtlich drei Arten von Lektüre: die Bibel, die katholischen Väter und die monastischen Väter. Zwar sagt er nicht, die Werke der Väter sollten während der für die *Lectio* bestimmten Zeit gelesen werden, aber es ist klar, dass sie entweder dann oder gar nicht gelesen wurden, denn es blieb im Tagesablauf keine andere verfügbare Zeit, weder an Werktagen, noch an Sonn- und Feiertagen. Die Werke der Väter waren folglich nach Benedikt Gegenstand der *Lectio Divina*.

Die 1967 im Kongress versammelten benediktinischen Äbte sagten bezüglich der *Lectio Divina*: „Ihr primäres Objekt ist die Heilige Schrift. Dennoch umfasst sie auch das Studium der Väter, der Tradition, der Vorbilder und Lehren der Heiligen, der lebendigen Reflexion der Kirche im Laufe der Jahrhunderte"[189]. 'Dennoch, auch …' sind bezeichnende Worte. Es scheint, als akzeptiere man die Legitimität solcher Lesungen als *Lectio Divina* mit einer gewissen Nachsicht. Ja, sie können auch dazu dienen; aber das eigentliche Objekt der *Lectio Divina*, das Einzige, was ihren Namen rechtfertigt, ist die Heilige Schrift.

Wie wohl bemerkt worden ist, dehnen die benediktinischen Äbte das Spektrum der *Göttlichen Lesung* ziemlich aus, wobei sie sich auf die von der Benediktusregel angebotene Liste beziehen. Im Grunde könnte man fast sagen, dass sie als - wenn auch sekundäres - Objekt der *Lectio* die gewaltige, im Schoß der Kirche im Laufe der Zeiten geborene literarische Produktion akzeptieren: die Väter, die geistlichen Autoren, die Heiligenviten, die Theologen ... Zu bedenken ist, dass die Äbte des Kongresses von 1967 sich äußerst offen, aufnahmebereit und großzügig zeigten.

Wir werden uns hier natürlich nicht mit dieser umfangreichen Literatur beschäftigen, sondern nur mit den Vätern. Das bedeutet in keiner Weise, dass wir den benediktinischen Äbten widersprechen wollen bezüglich des sekundären Objekts der *Lectio Divina*. Wie F. Vandenbroucke sagte, stellt die Benediktusregel als Lesung dem Mönch ein weites Feld zur Verfügung. Der Mönch kann seine geistliche Information von überallher nehmen, wo er 'heilige katholische Väter' und monastische Schriften entdeckt; nichts zwingt ihn, sich wegen dieser Worte der Regel auf die Literatur vor Benedikt zu beschränken[190]. Das gilt allgemein.

## Vorrang der Väter

Verständlicherweise bezieht sich Benedikt nur auf die katholischen und monastischen Väter, denn es werden neben den patristischen Schriften damals nur wenige christliche Werke im Umlauf gewesen sein. Aber auch heute bietet uns das römische Offizium neben den inspirierten Schriften eigenartigerweise bevorzugt Lesungen aus den Kirchenvätern. Warum dieser Vorrang der Schriftsteller und Seelenhirten, die in den ersten Jahrhunderten der Kirche blühten? Ist das bloß Trägheit oder Routine? Mit Sicherheit nicht.

In der Konstitution über die göttliche Offenbarung, 23, lesen wir einen bezeichnenden Text: „Die Braut des fleischgewordenen Wortes, die Kirche, bemüht sich, vom Heiligen Geist belehrt, zu einem immer tieferen Verständnis der Schriften vorzudringen, um ihre Kinder unablässig mit dem Wort Gottes zu nähren; darum fördert sie auch in gebührender Weise das Studium der Väter des Ostens wie des Westens und der heiligen Liturgien."

Die Kirche studiert die Schriften der Väter, weil sie das Wort Gottes tiefer verstehen will. Die Väter - und die verschiedenen Liturgien, die im Wesentlichen Werk der Väter sind - stehen also in enger Beziehung zum

Wort Gottes. So denkt offensichtlich das Konzil, das im Dekret über die Ökumene, 15, im Zusammenhang mit der liturgischen und spirituellen Tradition der Ostkirchen ausdrücklich empfiehlt, sich häufig mit der Lesung der Väter zu beschäftigen: „Die Katholiken sollen sich mehr mit diesen geistlichen Reichtümern der orientalischen Väter vertraut machen, die den Menschen in seiner Ganzheit zur Betrachtung der göttlichen Dinge empor führen."

## Vorzüge der Kirchenväter

Die Kirchenväter sind unsere Väter im Glauben, treue Zeugen des Heiligen Geistes. Ihre Bedeutung in der Geschichte der christlichen Spiritualität ist einmalig. Nehmen wir sie einzeln in den Blick, so begegnen wir sehr vielfältigen Gaben, je nachdem aus welcher Perspektive wir sie betrachten. Vergleichen wir sie untereinander, so sind in jeder Hinsicht große Unterschiede festzustellen. So ist Johannes Chrysostomus nicht Gregor von Nyssa, und Augustinus weicht sehr von Cassian ab. Doch allen gemeinsam ist die unvergleichliche Eigenschaft, Organ des Heiligen Geistes gewesen zu sein in der privilegierten Zeit der Kirche, die Gott mit Gaben überhäufte, damit sie den kommenden Jahrhunderten als Licht und Orientierung dienen sollte.

Nach den Aposteln waren die Väter die ersten geistlichen Meister der Kirche. Dies ist ohne Zweifel ihre wesentlichste Eigenschaft und könnte das Bindeglied all ihrer Aktivitäten genannt werden. Sie können als Zeugen des christlichen Glaubens, als Apologeten, Exegeten, Theologen, Polemiker angesehen werden. Doch alle diese Eigenschaften sind nur Teilaspekte ihres vorrangigen Tuns: die reine geistliche Lehre unter den Christen zu bewahren, zu erhellen, unter die Lupe zu nehmen, zu verbreiten. In ihren Schriften gibt es keine Grenzen, die die Spiritualität säuberlich von der Theologie trennen würden, den biblischen Kommentar von der asketischen Lehre, die Mystik von der Moral. Die Väter trennen nichts; für sie ist alles göttliches Leben. Und wenn sie die Feder zur Hand nehmen oder eine Predigt oder Rede halten, haben sie nur ein Ziel: Die an Christus Glaubenden sollen Leben haben und es in Fülle haben. Deswegen können wir ohne Übertreibung alle patristische Literatur als geistliche, wie auch exegetische und pastorale Literatur bezeichnen. In allem, was sie taten und schrieben, ist die lebendige, volle Essenz des Christentums gegenwärtig, erläutert, gelebt und unversehrt durch diese ausgezeichneten Kettenglieder der Tradition zu uns gekommen.

Die Väter verstanden es, sich dem Geist Christi in wahrhaft beeindruckendem Maß anzupassen. Hans Urs von Balthasar schrieb mit Recht: „In der heutigen Zeit haben sich Theologie und Heiligkeit getrennt entwickelt, zum erheblichen Nachteil für beide. Es ist heutzutage selten, dass die Heiligen auch Theologen sind; deswegen halten die Theologen sie für belanglos"[191]. Das gibt es nicht bei den Vätern. Im Gegenteil, für sie sind Wort und Leben, Lehre und Heiligkeit in vollkommenem Einklang, sie interpretieren sich gegenseitig. Die Väter lebten, was sie lehrten, und lehrten, was sie lebten. Folglich übermitteln uns ihre Schriften zugleich eine Lehre und eine Erfahrung.

Ihr überaus starker Glaube zeigt sich in ihrer Lyrik. Sie sind Dichter - geistliche Dichter -, die die Heilstat Gottes im sichtbaren Universum der Natur und im unsichtbaren Universum der Seelen zu entdecken und zu besingen wissen. Nicht in einer abstrakten, unpersönlichen Art teilen sie ihr Christsein mit, vielmehr verfügen sie über einen so kommunikativen, herzlichen und lyrischen Stil, die christlichen Wahrheiten zu lieben und darzustellen, dass sie den Leser hinreißen. So zum Beispiel, wenn sie von Jesus Christus sprechen, von der Mutterschaft Mariens und der Kirche, vom Wirken der Drei Göttlichen Personen in der menschlichen Seele.

Man weiß um den wesentlich intuitiven Charakter der Empfindsamkeit. Voll Liebe, begeistert für Jesus und die Kirche, besaßen die Väter eine bewundernswerte und hinreißende Intuition. In ihnen trägt das Leben in seiner Vielschichtigkeit und Einfachheit einen wirksamen Primat über die Formel, die Communio mit dem Heiligen Geist über die logische Entwicklung des Gedankens. Sie haben Sinn für das Göttliche, eine klare theologische Vision der sichtbaren und unsichtbaren Welt. Und sie verfügen über das Geheimnis, in einer wunderbaren Weise auszudrücken, was sie denken und fühlen; sie verstehen es, ihre Begeisterung mitzuteilen.

## Die Väter und die Bibel

Die Väter führen uns gleichsam an der Hand zur Quelle aller christlichen Weisheit, zur Heiligen Schrift, und lehren uns sie zu lieben, zu lesen und zu verkosten.

Der wichtigste Grund, die Schriften der Väter als Gegenstand der *Lectio Divina* neben der Bibel mit einzuschließen, besteht darin, dass nach Ansicht der alten und mittelalterlichen Mönche die Bibel nicht von ihren von den Kirchenvätern verfassten Kommentaren getrennt werden kann. Gleich welcher literarischen Gattung sich die Väter bedienen, stets erklären oder entfalten sie die Schrift. Mehr noch: Alles, was die Väter nicht nur geschrieben oder gesagt, sondern auch getan hatten, war nach dem Denken der alten Mönche bezogen auf die Schrift; alles war letztlich ihre theoretische oder praktische Veranschaulichung.

Die Väter - und die verschiedenen Liturgien, Werke der Väter - helfen uns in vorzüglicher Weise, die Schrift zu deuten, ihre Geheimnisse zu ergründen, die Lebensschätze zu entdecken, die sie enthält. Sie helfen uns, die Schrift 'mit den Augen der Braut' zu lesen. Die Väter sind in der Tat die rechtmäßigen Ausleger der Schrift. Ihr Werk besteht in beständiger tiefer Abhängigkeit von den heiligen Büchern. Paul Evdokimov übertreibt nicht, wenn er sagt, dass sie „von der Bibel lebten, durch die Bibel dachten und sprachen, mit dieser wunderbaren Durchdringung bis hin zur Identifizierung ihres Wesens mit derselben biblischen Substanz". Ihre Spiritualität - im Unterschied zu der so vieler späterer Heiliger - bezieht sich auf die Bibel in einer unmittelbaren, ausdrücklichen und beständigen Art. Die Väter ergründeten fast den gesamten spirituellen Inhalt der Schrift, und dieser Ergründung entsprang die ganze christliche und mystische Askese. Die Väter schweifen manchmal vom Thema ab, lassen sich von allegorischen Phantasien hinreißen, aber in der Regel gründen sie ihre spirituelle Exegese auf eine wörtliche Interpretation des heiligen Textes. Für sie ist das Alte Testament eine Vorhersage für Christus, ein Bild für die eschatologischen Zeiten des Neuen Testamentes. Nie dürfen wir die Schrift mit den Augen von Archäologen, Philologen oder Historikern lesen, sondern mit den Augen und dem Herz von Christen. Das ist die Lehre, die uns die Heiligen Väter erteilen.

## Schwierigkeiten

Wie die Lesung der Bibel nicht leicht ist, so ist es auch nicht die Lesung der Väter. Sie erfordert eine fast beständige Anstrengung, vor allem am Anfang.

In der Tat gehören die Väter zu einer der unsrigen sehr verschiedenen Zeit, mit einem Geschmack, mit Vorzügen, Problemen und Bedingungen, die teilweise ganz anders sind als unsere. Ihre Gesellschaft, ihre Umwelt, ihre Sprache und Literatur, ihre menschliche und religiöse Kultur liegen schon sehr weit zurück in der Vergangenheit. Der größte Teil ihrer Werke, um nicht zu sagen alle, selbst die eher lehrhaften, sind tief geprägt von ihrer Zeit. Fast alle Väter, zumindest die bedeutenderen, waren Bischöfe, die sich sehr aktiv im Leben der Kirche engagiert haben, und ihre Werke haben ein praktisches und unmittelbares Ziel. Apologien, Katechesen, Homilien, Reden, dogmatische, exegetische oder geistliche Abhandlungen - alle diese Schriften passen sich den Geschmäckern und Bedürfnissen der Zeit an, dem Denken ihrer unmittelbaren Leser.

Trotz der Gewandtheit der modernen Übersetzer kommt uns der Stil der Väter anachronistisch und schwer vor. In diese so andere Welt einzudringen erfordert nicht wenig Hartnäckigkeit. Aber was wertvoll ist, kostet. Wenn wir es schaffen, diese etwas harte Schale zu knacken und so in den Kern der Väterschriften einzudringen, werden wir nicht mehr auf sie verzichten wollen. Sie werden für uns zu 'Familienbüchern', wie Newman einmal sagte. Der Kontakt mit ihnen wird in uns die Freude an einer einmaligen Erbschaft wecken, die Freude am familiären Umgang mit sehr vertrauten Freunden. Immer wird unsere Seele in der Begleitung und Freundschaft der Väter bereichert. Denn die Väter sind nicht tot: Gottes Freunde sterben niemals.

Schließlich – das ist deutlich zu unterstreichen - bewirkt die beharrliche Lesung der Väter eine große religiöse Erbauung, ein Wachsen an echter Frömmigkeit. Sie vermitteln uns ein weiteres und vollkommeneres Verständnis von Kirche, von ihrer Lehre, ihrer Kontinuität, ihrem verborgenen Leben. Und sie helfen uns, die christliche Geschwisterlichkeit als Kinder Gottes und Glieder des mystischen Leibes Christi in Fülle zu leben.

## Die monastischen Väter

Die katholischen Väter, die Väter der Universalkirche, lehren uns, die Bibel 'mit den Augen der Braut' zu lesen. Die monastischen Väter führen uns in die 'wahre Exegese' ein, d.h. in die Kunst, die Schrift im monastischen Leben praktisch anzuwenden, oder besser, das monastische Leben den Anforderungen der Schrift anzupassen.

Die zönobitischen Regeln, die Katechesen der großen Meister der Wüste, die geistlichen Abhandlungen, das ganze literarische Werk der Mönche ist letztlich nichts anderes als eine Exegese, eine praktische Anpassung des Evangeliums, des Wortes Gottes überhaupt, für die Zönobiten oder Eremiten. Die voluminösen Regeln des Basilius, um nur ein markantes Beispiel zu nennen, sind ein - zweifellos gelungener - Versuch, das monastische Leben und jede ihrer Institutionen und Observanzen im geschriebenen Wort Gottes zu gründen, besonders im Neuen Testament.

Die Schriften der Mönche zeigen uns praktisch, wie sie die Bibel lasen, wie sie sie geistlich deuteten, welche Themen ihre Aufmerksamkeit stärker auf sich zogen und an welchen sie sich erfreuten. Für sie, wie für die ganze Kirche der ersten Jahrhunderte, besteht eine sehr enge Beziehung zwischen beiden Testamenten. Diese sind nicht zwei verschiedene Wirklichkeiten, sondern gleichsam zwei große Etappen oder zwei Zeiten der einen Heilsgeschichte. Christus ist die Mitte. Alles, restlos alles, bezieht sich auf ihn, alles läuft in ihm zusammen. Alles ist Geschichte Christi und Geschichte seines mystischen Leibes, der Kirche, die sich von Anfang der Genesis an entwickelt bis hin zu den grandiosen apokalyptischen Visionen der letzten Zeiten. Das Mönchtum, tief in der Kirche verwurzelt, bildet einen Teil dieser Geschichte. Deswegen ist die Vorliebe der Mönche für die Bücher Exodus und Numeri gar nicht verwunderlich; dort sehen sie ihr eigenes Leben dargestellt, das sich zusammensetzt aus Flucht vor der Welt, Wüste, asketischem Kampf, Versuchungen, Kontemplation auf dem Sinai, brennendem Verlangen nach dem Einzug ins Gelobte Land - Symbol für das eschatologische Paradies. Ebenso wenig kann uns ihre große Begeisterung für die Psalmen erstaunen, die sie für die Stimme ihres eigenen Gebetes hielten, die Ausdruck ihrer Sehnsüchte waren, direkt an sie gerichtete Weissagungen, an jeden Einzelnen von ihnen wie auch an ihre Gemeinschaften. Unter diesem Aspekt gibt es nichts Schöneres und Bezeichnenderes als den Psalmenkommentar, den Hieronymus seinen Mitbrüdern in Bethlehem widmete und den einer von ihnen mitgeschrieben hat.

Noch bezeichnender war die Entschiedenheit, mit der die monastischen Autoren nach Vorbildern für die von ihnen praktizierte Lebensweise suchten, oder wie Basilius sagt, nach „vom Leben im Sinne Gottes belebten Figuren, damit man sie in ihren guten Werken nachahme"[192]. So bildete sich eine reiche Typologie des Mönchtums, die die Schriftsteller gerne und häufig anführen. Liest man ihre Werke, so ist ihr Anliegen, biblische Persönlichkeiten nachzuahmen, die sie für ihre Vorgänger, ihre 'Väter' halten, klar erkennbar, um so ihre eigene Lebensform zu rechtfertigen: Adam, Elija, Elischa, die 'Prophetensöhne', Johannes der Täufer, Jesus, die Apostel, die erste Gemeinschaft von Jerusalem …

Es steht geschrieben, nicht ohne Grund, dass niemand Mönch oder Nonne benediktinischer Observanz sein kann, ohne Cassian, die Vita des Antonius, die Regeln des Basilius, die Apophthegmata und einige andere monastische Werke der Antike gelesen zu haben. Und nicht nur, weil Benedikt ihre Lesung empfiehlt, sondern auch und zuerst, weil nichts über den persönlichen Kontakt mit den klassischen Autoren geht, mit jenen Autoren also, die immer aktuell nie aus der Mode kommen. Es geht dabei um den Sinn für die Unterscheidung der Werte, auf die sich das monastische Leben stützt, und um den aus einer realen und wirksamen Deutung der Schrift erwachsenen Sinn für Christus, in dem Exegese und Erfahrung zum Einklang finden.

# Erneuerung der Lectio Divina

Man spricht oft von dem, was man nicht hat, was man gern hätte, oder was man schon hat, aber gern in größerer Fülle, wirklicher besitzen möchte. „Wovon das Herz überfließt, davon spricht der Mund." Die Tatsache, dass seit mehreren Jahren so viel über die *Göttliche Lesung* gesprochen und geschrieben wird, wie wir zu Beginn kurz sahen, zeigt, wie lebendig im Herzen der heutigen Mönche der Wunsch ist, eine im Lauf der Zeit vernachlässigte, vergessene oder zumindest ihrer Kraft beraubte und vernebelte christliche und vor allem monastische Praxis von Grund auf zu erneuern. Heute ist es unbestritten: Die *Lectio Divina* macht ein wesentliches Element des monastisch-benediktinischen Lebens aus. Wollen wir werden, was wir sind, wollen wir unsere Identität wiederfinden, dann muss sie unbedingt auf unserer Werteskala und im täglichen Stundenplan den ihr zukommenden Ehrenplatz wiederbekommen. Der bereits zitierte Friedenspakt der amerikanischen benediktinischen Föderation sagt es unmissverständlich: Die *Lectio Divina* ist „für das benediktinische Leben wesentlich" und „nur in ihrer Erneuerung wird die Erfahrung eines sinnvolleren benediktinischen Lebens möglich sein können", sowohl für die Mönche selbst als auch für ihre Zeitgenossen"[193].

Wie kann diese Erneuerung geschehen? Darüber ist genug geschrieben und diskutiert worden. Packen wir mit Hilfe einiger Beiträge ein so brennend aktuelles Thema an.

## Die Auffassung der Lectio Divina

Vor allem halte ich es für wichtig, die strenge Auffassung von der *Göttlichen Lesung*, die die neueren Studien der Spiritualität uns möglich machten, wiederzufinden, entschieden beizubehalten. Heute wissen wir, worin sie für die Mönche der Antike und des Mittelalters bestand, und es wäre ein folgenschwerer Irrtum, diese Auffassung zugunsten einer Intellektualisierung zu modifizieren, indem man aus der *Lectio* ein Studium macht, oder sie derart überdehnt, dass sie ihre wahre Physiognomie verliert.

Heute wissen wir genau, was die *Lectio Divina* in der ursprünglichen und authentischen Bedeutung dieses Ausdrucks ist: eine geistliche Lesung, aber keineswegs irgendeine 'geistliche Lesung', irgendeine erbauliche und fromme Lektüre. Sie ist im Wesentlichen eine spezifische Form, das in den heiligen Schriften enthaltene Wort Gottes zu lesen, und dazu - nur ergänzend und unterstützend - die Schriften der Väter und andere Texte der christlichen Tradition. Sie ist vor allem ein täglicher persönlicher, intimer Kontakt mit dem Vater, dem Sohn und dem Heiligen Geist, eine Begegnung mit Jesus Christus, unserem Herrn und Bruder, die sich in der Heiligen Schrift ereignet. Das ist es, was ihr Name besagt: *Lesung Gottes*. Es ist eine im Glauben verrichtete Lesung - Gott spricht, Gott spricht zu mir hier und jetzt - in größter Aufmerksamkeit; eine langsame, meditierte, verkostete Lesung; eine Lesung, die zunächst vor allem den genauen Literalsinn des Textes sucht, um dann zu suchen und zu finden, was der Geist Gottes dem Leser mitteilen will; eine Lesung, die so aktiv ist, dass sie die ganze Person in Anspruch nimmt, und die zugleich passiv ist; eine Lesung also, bei der der Leser sich von dem ihn persönlich, von Herz zu Herz ansprechenden Wort Gottes mitreißen lässt; eine im Schoß der Kirche, des Leibes Christi, verrichtete Lesung, mit 'liebevollen bräutlichen Augen' und 'mit den Augen der Braut'; eine beharrliche Lesung - eine Relecture - alle Tage, ohne Ausnahme; eine absichtslose Lesung - lesen, um zu lesen und nicht um gelesen zu haben -, eine Lesung, in der man nichts anderes eigens sucht außer der Lesung selbst. *Lectio Divina* bedeutet, 'die Bibel öffnen und Gott finden', 'Gottes Herz kennen lernen', Gott zuhören und antworten im erhabenen Dialog, den wir kontemplatives Gebet nennen. Die *Lectio*, sagt P. Lassus, ist „eine Beschäftigung, die an die Qualität, Würde und Wirksamkeit eines Sakramentes grenzt. Der Gottsucher, der Schüler des Wortes, geht zu einer Verabredung, zu einem Treffen. Er will Kontakt aufnehmen mit dem, der ihn viel mehr sucht als er von ihm gesucht wird. Und ich stelle mir vor, wie das Zuhören des Wortes in ihm eine Rede auslöst, ein Gebet, also einen Ausdruck des Glaubens, der Bewunderung, der Anbetung oder des Jubels, der Danksagung oder der Tränen; eine Rede, die sich mehr und mehr vereinfacht, bis sie in die Kontemplation mündet, in eine Art Verzückung oder Bezauberung"[194]. Es ist höchst wichtig, dass wir wie unsere Väter im Glauben die Bibel nicht für ein 'Lesebuch' halten, sondern sie vielmehr als einen Tabernakel ansehen, als das Zelt der Begegnung, von dem Ex 33 erzählt: „Mose nahm das Zelt und schlug es für sich außerhalb des Lagers auf, in einiger Entfernung vom Lager. Er nannte es Offenbarungszelt. Wenn einer den Herrn aufsuchen wollte, ging er zum Offenbarungszelt vor das

Lager hinaus … Sobald Mose das Zelt betrat, ließ sich die Wolkensäule herab und blieb am Zelteingang stehen. Dann redete der Herr mit Mose … Der Herr und Mose redeten miteinander Auge in Auge, wie ein Mensch mit einem Freund spricht" (Ex 33,7-11).

## Welche Bücher zu lesen sind

Die Schrift - wir müssen entschieden daran festhalten - ist das eigentliche Objekt der *Lectio Divina*. Wie wir aus der Geschichte wissen, wurde anfangs nur die Bibel mit ihren als zu ihr gehörig angesehenen patristischen Kommentaren gelesen; zweifellos nahm die *Lectio* aus diesem Grund ihre spezifische Form und ihren Namen an. Welches andere Buch kann den Anspruch erheben, *Göttliche Lesung* genannt zu werden? Später begann man, auch andere christliche Autoren zu lesen. Heute fragt sich Dom Ambrose Southey, ob es angebracht sei, zur reinen Lektüre der Schrift zurückzukehren. „Meine persönliche Antwort", sagt er, „lautet zugleich Ja und Nein. Für uns muss die Schrift als Inhalt der *Lectio* den Primat haben, jedoch sind andere Bücher nicht auszuschließen, sofern sie in irgendeiner Weise dazu beitragen, wenn auch indirekt, das Wort Gottes zu verstehen. Allerdings müssen wir dem hinzufügen: Nicht alle Bücher eignen sich für die oben empfohlene langsame, meditative Art der Lesung"[195].

In der Tat, für die *Göttliche Lesung* eignet sich nicht jedes Werk, nicht jeder Autor. Um zu wissen, was in der *Lectio Divina* zu lesen ist und was nicht, gibt uns die Benediktusregel ein wunderbares Kriterium an die Hand: Es sollen nur die Werke der 'heiligen katholischen Väter' gelesen werden (RB 73,4). Heute dürfen wir diesen Ausdruck auf alle Autoren anwenden, die in irgendeiner Epoche die christliche Lehre gefördert haben, indem sie, ausgehend von dem in den Heiligen Büchern verborgenen Samen, ihre weitere Entfaltung ermöglichten.

Noch ein weiteres gültiges Kriterium sei genannt: Das zu lesende Buch muss dazu geeignet sein, das Gebet zu fördern und zu erhalten, oder besser, es muss den Leser konkret zum Gebet bewegen, denn gewöhnlich lässt etwas den einen kalt und gleichgültig, was einem anderen möglicherweise das Herz berührt und seine Seele zu Gott erhebt; die Menschen sind so unterschiedlich. Vergessen wir nie, dass die *Lectio Divina* zugleich Lesung und Gebet ist. Wenn Hieronymus an Eustochium schrieb: „Betest du, so sprichst du zu deinem Bräutigam; liest du, so spricht er zu dir"[196], so sollte das nicht bedeuten, die Lesung sei erst zu beenden, um sich anschließend dem Gebet zu widmen. Lesen und beten - wir haben es bereits gesehen - waren für die alten Mönche zwei einander bedingende geistliche Tätigkeiten, in der *Lectio Divina* müssen sie einander bedingen. Und es ist eindeutig: Die alten und mittelalterlichen Mönche kannten keine andere Gebetsmethode als die *Göttliche Lesung*, und sie beteten gewöhnlich mit dem heiligen Text vor Augen oder zumindest im Gedächtnis.

## Gefahren und Feinde

Freilich hat auch die *Lectio Divina*, wie alles Gute, ihre Gefahren und Feinde. Die alten Mönche wiesen auf einige hin: zum Beispiel auf die Eitelkeit, die unsere Bemühung vollkommen unfruchtbar lassen kann. Cassian warnt, wer sich „mit der eitlen Absicht, menschlichen Ruhm zu erwerben, der Lesung widme, erlange zweifellos nicht die Gabe wahrer Wissenschaft. Sklave dieser Leidenschaft, wird er sich zugleich eingekettet sehen durch die Schlingen anderer Laster, vor allem dem des Hochmuts"[197]. Evagrius Ponticus weist auf die Gefahr durch den Geist der Unzucht hin[198] und Benedikt erlaubt weder den Heptateuch noch die Bücher der Könige unmittelbar vor der Komplet zu lesen, „denn für weniger gefestigte Brüder ist es nicht gut, wenn sie zur Abendstunde diese Schriften hören; zu anderer Zeit aber soll man sie lesen" (RB 42,4). Der Teufel kann sich sogar des maßlosen Eifers für die *Lectio* bedienen, um den Mönch zu verderben. Es gibt ja noch andere Sachen zu tun. Cassian schreibt dem Antonius folgende Mahnung zu: „Es ist besser, weniger zu lesen und das Leben mit dem Ertrag der eigenen Arbeit zu verdienen, wie die Schrift lehrt, als die Arbeit aufzugeben, um mehr Zeit zum Lesen zu haben"[199].

Es sind noch einige typisch moderne Feinde der *Lectio* zu nennen. Dom Ambrose Southey nennt insbesondere vier:
1.   „Unmittelbare Ergebnisse erreichen wollen": Wir leben in einer Konsumgesellschaft, in der „alles darauf eingestellt ist, das Größtmögli-

che mit geringstmöglichem Zeitaufwand zu produzieren." Das erzeugt eine 'utilitaristische Mentalität'; daher fällt es uns schwer, uns mit etwas zu beschäftigen, das nicht auf unmittelbare Ergebnisse hin orientiert ist.

2.     „Aufgrund der Überfülle an Büchern, die es heute gibt, neigen die Leute dazu, von einem Buch zum anderen überzugehen, und es besteht ein subtiles Bedürfnis, immer auf dem neuesten Stand sein zu müssen, wodurch sich die Disposition zum Lesen sehr verändert hat."

3.     „Das moderne Beharren auf intellektuellem Fortschritt auf Kosten des intuitiven und affektiven Aspektes": Man widmet „wenig Aufmerksamkeit dem Fühlen und Empfinden", ja, man hält sogar „den affektiven Aspekt für minderwertig, wenn nicht sogar für gefährlich". Manche Mönche und Nonnen gehen so weit, die *Lectio Divina* als „frommen Sentimentalismus abzutun ..., nur für die Armen gemacht, während das solide Studium als die Nahrung für die Starken gilt".

4.     „Das Prüfungssystem in der Erziehung". Um Grade und Universitätsdiplome zu erlangen, muss man durch viele und häufige Prüfungen hindurchgehen. In der Praxis geht es darum, „viel Information durch schnelles Lesen zu bekommen, was dazu führt, sich einen Habitus anzugewöhnen, der später schwer zu ändern ist"[200].

Dom Ambrose Southey spielt noch auf andere Feinde der *Lesung Gottes* an, unter ihnen die Leidenschaft für Zeitung und Fernsehen[201]. Dieser Liste könnten noch andere Unwägbarkeiten oder Störungen hinzugefügt werden. Selbst ohne Radio, Fernsehen oder Zeitungen wird jedes Ereignis mittlerer Wichtigkeit gleich in aller Welt bekannt, und der Mönch beginnt seine *Lectio* mit beschwerenden Sorgen, Gedanken, Bildern. Ein weiterer, vielleicht noch mehr zu fürchtender und noch mächtigerer Feind ist der atemberaubende, nicht zu bremsende Rhythmus des modernen Lebens, dem wir uns kaum entziehen können. Man hat keine Zeit. Die dringlichen Beschäftigungen saugen uns auf, und wenn wir ein paar Minuten für die *Lectio* finden, fühlen wir uns allzu oft ausgelaugt und leer.

Sollen wir verzagen angesichts so vieler und so mächtiger Feinde und sie letztendlich für unbesiegbar halten? Keineswegs. Auch die alten Mönche kannten Versuchungen und Feinde, die ihrer *Lectio* Widerstand entgegensetzten, doch sie gaben nicht auf. Nichts erlangt man, ohne den Preis dafür zu zahlen.

## Ein günstiges Klima

Feinde müssen bekämpft werden. Denen, die von außen kommen, müssen wir die Türen schließen, den inneren, die wir in uns selber tragen, einen entschiedenen Widerstand entgegensetzen, indem wir uns mit Gottes Gnade bemühen, sie zu entdecken, zu enttarnen und zu überwinden. Sind wir von der wahren Natur der *Lectio* und von ihrer wichtigen Rolle im Leben jedes Mönches sowie der Gemeinschaft wirklich überzeugt, wollen wir sie wirklich erneuern, dann müssen wir genauso den Wert des klösterlichen Otium wiederentdecken, d.h. die Wichtigkeit der 'freien Zeit', um sie Gott und den geistlichen Dingen zu widmen. Es geht um eine dringliche Notwendigkeit, die in vielen Klöstern mit Händen zu greifen ist. In manchen sind bereits Tage der 'geistlichen Erneuerung' oder 'Wüstentage' eingeführt worden, was schon eine bemerkenswerte Errungenschaft ist. Aber es genügt offensichtlich nicht, ab und zu einen Tag für Gott zu reservieren, auch wenn es jede Woche ist. Es ist notwendig, mutig gegen die Nervosität zu handeln, gegen den rabiaten Produktionseifer, gegen die uns von unserer Konsumgesellschaft mehr und mehr auferlegten Zwänge; diese nötigen uns, Überstunden in körperlicher oder intellektueller Arbeit zu machen, die immer mehr zu 'normalen' Arbeitsstunden werden. Es ist unverzichtbar, im monastischen Stundenplan jeden Tag einen stillen Platz für das langsame, absichtslose, von Gebet durchdrungene Lesen frei zu halten, eine ausschließlich der Gottsuche, dem Dialog mit Gott, dem Ergründen von Gottes Herz geweihte Zeit.

Die *Göttliche Lesung* kann nur in einem Klima der Sammlung, des Friedens und des Gebetes blühen und Frucht bringen. Wir müssen dieses Klima erneuern, wollen wir die *Lectio* erneuern. Denn „niemand kann in den Sinn des Evangeliums eindringen, der nicht wie Johannes in innigem Gespräch an der Brust Jesu ruht", wie Origenes sagt[202]. Wer kann dies abstreiten?

## Vorbildung für die Lectio Divina

Halten wir an der rechten Auffassung von der *Göttlichen Lesung* fest, so werden wir sie ipso facto weiterhin klar vom Studium unterscheiden müssen. Dies bedeutet freilich keine Geringschätzung des Studiums. Ein tiefes geistliches Leben erfordert im Allgemeinen eine gute intellektuelle, theologische Bildung bei denen, die dazu fähig sind und die Möglichkeit dazu haben. Dom Ambrose Southey schreibt, wie üblich völlig zutreffend: „Die *Lectio Divina* bezieht sich auf eine besondere Art von Erkenntnis; das Studium auf eine eher begriffliche Erkenntnis. Natürlich müssen wir nicht übertrieben gegen die aktuelle, im Westen gängige Überbetonung des Intellekts aufbegehren und einem Anti-Intellektualismus verfallen. Nein, beide Erkenntnisformen gehen Hand in Hand. Sie ergänzen sich, sie schließen sich gegenseitig nicht aus"[203]. Auf jeden Fall ist es heute jedem klar, dass es einer gewissen Vorbildung für die *Lectio* bedarf. Manche, wie Dom Gaillard, behaupten sogar, die *Lectio* erfordere im heutigen Kontext eine 'rigorose Kultur und Bildung'. Vielleicht übertreibt Dom Gaillard ein wenig. Jedoch bereitet die Lesung der Bibel gewiss viele Schwierigkeiten, und es wäre bedauerlich, wollten wir uns der zahlreichen und hervorragenden Mittel nicht bedienen, die uns die moderne Exegese bietet, um sie in einer fruchtbaren Weise anzugehen. Den Anfänger, der nicht genügend in die Bibel eingeführt worden ist, könnte ihre Lesung enttäuschen. Nicht wenige ihrer Seiten würden fast dem englischen Freidenker Recht geben, der schrieb: „Es handelt sich um eine Geschichte mit so viel Lüsternheit, Sodomie, fleischlichem Gemetzel von ungeheurem Ausmaß und scheußlicher Verkommenheit, dass die niederträchtigsten Geschichten, die es sonst gibt, in einem gewaltigen Buch zusammengetan, ihr kaum gleichkämen."

## Weiterbildung in der Lectio Divina

Um Gottes Herz besser zu lesen, ist zweifelsohne die eigentliche Bildung in der *Göttlichen Lesung* selbst viel wichtiger als die intellektuelle Vorbildung. Diese Bildung gilt es zu erneuern.

Eine Erneuerung solcher Tragweite würde, von heute auf morgen, ohne lange Vorbereitung, ohne sorgfältige Katechese durchgeführt, in vielen Gemeinschaften von Mönchen und vor allem Nonnen einer regelrechten Revolution gleichkommen. Um Traumata zu vermeiden, sollte sie mit größter Sorgfalt und lauterster Liebe geschehen. Würde die *Göttliche Lesung* in ihrer reinsten Form und um jeden Preis durch 'königlichen Erlass' auferlegt, wäre das eine verheerende Unklugheit. Die Menschen müssen respektiert werden, wie Gott sie respektiert, jeder Mensch muß voll respektiert werden. Jeder einzelne Mensch hat seine Fähigkeit, seine Bildung, seine Gewohnheiten, sein Charisma und ... sein Alter. Wichtig ist, das Ideal anzunehmen, davon überzeugt zu sein, dass die *Göttliche Lesung* das Unsrige ist - das Benediktinische, das Zisterziensische und das der Kirche, wie sie in der Konstitution Dei Verbum klar sagt - und einzeln und gemeinsam, jedoch ohne Zwang, alles daranzusetzen, um sie so gut wie möglich zu praktizieren.

Dom Ambrose Southey schlägt folgenden Plan für die Bildung in der *Göttlichen Lesung* vor:
1.      Im Rahmen der Gemeinschaft im Tagesplan eine ausreichende Zeit sowohl für die *Lectio* als auch für das Studium einplanen. Dieser Tagesplan soll auch tatsächlich befolgt werden können. Die Gemeinschaft soll eine klare Auffassung von dem haben, was *Lectio Divina* ist und was sie erfordert.
2.      Im individuellen Rahmen wird der Novizenmeister die wahre Natur der *Lectio* und ihre Hauptschwierigkeiten erläutern und wird zusammen mit den Novizen einen Weg suchen, sie zu überwinden. Er wird die Novizen allmählich an die *Lectio Divina* gewöhnen, indem er täglich eine halbe oder eine ganze Stunde für sie vorsieht. Vielleicht brauchen die Novizen Hilfe in der Wahl der Bücher, zumindest anfangs. „Von Zeit zu Zeit wäre ein Austausch über die *Lectio* angebracht, damit die Erfahrungen mit ihr geteilt werden können ... Es könnte auch sinnvoll sein, in der einen oder anderen Weise, das 'Bibel-Teilen' zu praktizieren"[204].

Wie man sehen kann, legt Ambrose Southey den Akzent mehr auf die persönliche Bildung als auf die gemeinschaftliche, mehr auf die jedes einzelnen Novizen als auf die der Novizen als Gruppe. Es ist in der Tat das Noviziat, wo der Mönch theoretisch und praktisch lernen muss, worin die *Lectio* besteht. Auf diese Weise kann wirklich in jedem Kloster eine Übung eingepflanzt werden, die, wie Ambrose Southey selbst bekennt, nicht leicht ist, sondern „wirklich Mühe und Opfer kostet. Gelingt es uns jedoch fortzuschreiten", fügt er hinzu, „wird sie reiche Früchte in unserem monastischen Leben hervorbringen und die kontemplative Dimension unserer Klöster bereichern"[205].

# Schlusswort

Die Bruderschaften der Jungfrau der Armen, die nicht wenige fundamentale Werte des Mönchtums bewahrt oder wieder aufgenommen haben, praktizieren die *Göttliche Lesung*. Ihre Regel spricht von ihr in einer sachgerechten und praktischen Weise. Jeden Tag soll ihr eine ganze Stunde gewidmet werden. In der diesem wunderbaren geistlichen Dokument eigenen schlichten und direkten Sprache wird jedem der Brüder gesagt: „Du kannst nicht auf diese tägliche Nahrung verzichten, mit der Gott deinen Geist stärken und dir helfen wird, besser zu beten. Diese Lesung - wenn du sie gut verrichtest - wird immer mehr zu einer Begegnung mit Gott, zu einem Gebet werden.

Sie wird vor allem Lesung der Bibel sein; deshalb heißt sie *Lectio Divina*. Denn die Schrift ist das Wort Gottes, und jeden Tag spricht in ihr Gott zu dir. Du musst sein Wort in deiner Seele mit unendlichem Respekt und in der Reinheit eines Kinderherzens aufnehmen, das ganz Zuhören und Aufnehmen ist. Du wirst versuchen, in ihr den Willen Gottes für dich zu finden.

Glaube an die Gegenwart Jesu in jenen Worten, durch die er dir ins Herz spricht. Um dir zu helfen, sie zu verehren, wird immer eine offene Bibel im Oratorium gegenwärtig sein. Die Bibel soll allmählich deine Seele bilden. Zwar sollte es so weit kommen, dass sie eines Tages deine einzige Lesung sein wird, wie sie es für so viele Generationen von Mönchen war. Jedoch kann es nicht von Anfang an so sein, denn das Verständnis des heiligen Textes erfordert ein ernsthaftes Bemühen um Reflexion und Aneignung, und überdies wird dein Herz nicht rein genug und von dem Gefallen an deiner eigenen Intelligenz nicht losgelöst genug sein. Aber in dem Maß, wie der Herr dich von dir selber löst, wirst du immer mehr allein sein Wort vorziehen"[206].

Hier spricht ohne Zweifel ein in der *Lesung Gottes* erfahrener 'Alter', einer, der ihre Natur kennt und es versteht, sie zu praktizieren. Seine Ratschläge, so einfach und authentisch, sind das denkbar beste Nachwort zum vorliegenden kleinen Werk.

# Bibliographie

ANGELINI, M.I., „Il monaco e la parabola. Saggio sulla spiritualità monastica della lectio divina". Brescia, 1981.

CALATI; B., „La 'lectio divina' nella tradizione monastica benedettina", in Benedictina 28 (1981) 407-438.

CASEY, M., „Seven Principles of Lectio Divina", in Tjurunga, An Australasian Benedictine Review 12 (1976) 69-74.

CHAPELLE, N. DE LA, „La lectio divina", in VS 134 (1980) 530-545.

DELVAUX, J.M., „Lectio divina" in CC 33 (1971) 104-107.

DUMONT, Ch., „Pour un peu démythiser la „lectio" des anciens moines", in CC 41 (1979) 324-339.

EMÉRY, P.-Y., „La méditation", (Vie monastique, 5), Bellefontaine, 1975.

GORCE, D., „La 'lectio divina' des origines du cénobitisme à Saint Benoît et à Cassiodore, I, Saint Jêrome et la lecture sacrée dans le milieu ascétique romain", Paris, 1925.

HERBAUX, M.F., „Formation à la lectio divina", in CC 32 (1970) 217-230.

LECLERCQ; J., „Caracteres tradicionales de la 'lectio divina'", in „La liturgia y las paradojas cristianas, Bilbao, 1966, S. 227-240.

„La lecture divine" in La Maison-Dieu, 5

„Office divin et ‚lectio divina',, in Concilium 179 (1982) 51-58.

„Lectio divina e vita religiosa, La Bibbia nella formazione e nella vita religiosa", in Informationes SCRIS 5 (1979) 122-160.

„La Lectio Divina", Rencontre des Pères Maîtres et Mères-Maîtresses bénédictins et cisterciens du Nord et de l'Est de la France à l'abbayé de Tamié (Savoie) du 22 au 27 janvier 1979.

LELOIR, L., „La lecture de l'Écriture selon les anciens Pères", in Revue d'ascétique et de mystique 47 (1971) 183-199.

REZÀC, J.-LECLERCQ, J., „Lectio Divina" in DIP 5 (1978) 561-566.

ROUSSE, J.-SIEBEN, H.J.-BOLAND, A., „Lectio divina et lecture spirituelle, in DS 9 (1975) 470-510.

RUPPERT, F., „Meditatio-Ruminatio. Une méthode traditionnelle de méditation" in CC 39 (1977) 88-93.

SOUTHEY, A., „La lectio divina" in Cistercium 31 (1979) 3-8.

STANLEY, D., „A Suggested Approach to Lectio Divina" in The American Benedictine Review 23 (1972) 439-455.

VANDENBROUCKE, F., „La lectio divina aujourd'hui", in CC 32 (1970) 246-267.

VINEL, J.-A, „La lectio divina" in Vie consacrée 54 (1982) 288-303.

WATHEN, A., „Monastic Lectio: Some Clues from Terminology", in Monastic Studies, 12 (1976) 207-216.

ZEGVELD, A., „Lectio divina, Réflexions", in CC 41 (1979) 293-313.

# Abkürzungen, die in Fußnoten verwendet werden

| | |
|---|---|
| CC | Collectanea Cisterciensia. Scourmont |
| DIP | Dizionario degli istituti di perfezione. Rom |
| DS | Dictionnaire de spiritualité. Paris |
| PG | Patrologia Graeca. Ed. Migne |
| PL | Patrologia Latina. Ed. Migne |
| RB | Regula Benedicti |
| SC | Sources chrétiennes. Paris |
| SM | Studia monastica. Montserrat |
| VS | La vie spirituelle. Paris |

# Anmerkungen

[1] Geb. 1920, Mönch der Benediktinerabtei Montserrat in Spanien

[2] Célébration du XVe centenaire de la naissance de S. Benoît. Symposiun romain, 17 - 21 septembre 1980, in: CC 43 (1981) 259. Die Zusammenfassung stammt von Dom Sebastiano Bovo.

[3] Ebd., 268

[4] Martin Buber, jüdischer Exeget und Philosoph, hat es verstanden, mit einem tiefen religiösen Sinn - wenn auch am Rande aller christlichen Perspektive - die geheimnisvolle Gegenwart, die in der Schrift und in der gesamten Schöpfung geahnt und gespürt wird, herauszustellen; so zum Beispiel in: 'La vie en dialogue', Paris 1959

[5] Cyprian, Ep. 1,15 (ad Donatum)

[6] Hieronymus, Ep. 3,4

[7] Ambrosius, De officiis ministrorum, 1,20,88

[8] Augustinus, Enarratio in ps. 85,7

[9] Hieronymus, Ep. 22,25

[10] Ed. J. Leclercq, in: Analecta monastica, III (Studia Anselmiana, 37), Rom 1955, 193

[11] Speculum monachorum, ed. H. Walter, Freiburg im Breisgau 1901, 198

[12] Zweites Vatikanisches Konzil, Dei Verbum, 25

[13] Cuadernos monásticos 11 (1976) 390

[14] Hieronymus, Ep. 107,9

[15] Sulpicius Severus, Vita Martini, 26,3

[16] Dialogus inter Cluniacensem et Cisterciensem monachum, Ed. Martène-Durand, Thesaurus novus anecdotorum, Paris 1717, 1573

[17] Guigo II., Großprior der Kartause, Scala claustralium, sive de modo orandi, PL 184, 476

[18] Ed. J. Leclercq, Études sur saint Bernard et le texte de ses écrits, in: Analecta Sacri Ordinis Cisterciensis 9 (1953) 181-182

[19] Origines, Brief an Gregorius Taumaturgus, 4, in: SC 148, 192

[20] Cuadernos monásticos 11 (1976) 390

[21] siehe: CC 38 (1976) 19

[22] span. Version in: Cistercium 31 (1979) 3-8: Die Lectio Divina. Rundbrief des Ehrwürdigsten Generalabtes

[23] zitiert bei: D. Stanley, Vorschläge für die Integrierung der Lectio Divina, in: Cuadernos monásticos 11 (1976) 391

[24] Guatemala, 1970

[25] siehe: Cuadernos monásticos 11 (1976) 444

[26] J. McMurry, Die Schrift und das monastische Gebet, Cuadernos monásticos 11 (1976) 353

[27] I. Aranguren, Realización humana de una vida en exclusiva para la oración, in: Surge 30 (1972) 254

[28] R. Weakland, Eröffnungsansprache des Kongresses beim Kongress der benediktinischen Äbte und Konventoberen in Rom im September 1973, in: Cuadernos monásticos 9 (1974) 491-492

[29] J. Leclercq, Lectio Divina, in: DIP 5, 565

[30] A. Roberts, Hacia Cristo. La profesión monástica hoy, Buenos Aires, 1978, 39

[31] P. Delatte, Commentaire sur la Règle de saint Benoît, Paris 1913, 348

[32] siehe: CC 38 (1976) 19-20

[33] A. Southey, s.o., 18-19

[34] Für diesen flüchtigen Überblick über die Geschichte der Lectio Divina bediene ich mich vor allem des hervorragenden Artikels von J. Rousse, H.J. Siepen und A. Boland, Lectio Divina et lecture spirituelle, in: DS 9, 470-510

[35] Ebd., Col. 473

[36] Ebd.

[37] D. Gorce, La 'lectio divina' des origines du cénobitisme à saint Benoît et Cassiodore, I, Saint Jerôme et la lecture sacrée dans le milieu ascétique romain, Paris, 1925, 63

[38] siehe: J. Rousse, Lectio Divina, in: DS 9, 474-475

[39] siehe: P. Catry, Lire l' Écriture selon saint Grégoire le Grand, in: CC 34 (1972) 191-193

[40] Johannes Chrysostomus, In Mtth. hom. 2,5

[41] Johannes Chrysostomus, De Lazaro, 3,1

[42] Johannes Chrysostomus, In Mtth. hom. 2,5

[43] Bezüglich der Rolle, die die Bibel im Leben und in der Spiritualität der alten Mönche spielte, siehe G. M. Colombás, Das alte Mönchtum II, Madrid 1975, 75-94, und ausführlicher in: La Biblia en la espiritualidad del monacato primitivo, in: Yermo, 1 (1963) 3-20, 149-170, 271-286; 2 (1964) 3-14 und 113-129

[44] Bezüglich Cassian und der Lectio Divina siehe u.a.: J.-Cl. Guy, Écriture sainte et vie spirituelle, II, A, 4, in: DS 4, 163-164; O. Chadwick, John Cassian, Cambridge 1950, 151-153

[45] siehe: J. Rousse, Lectio Divina, in: DS 9, 478-481; A. Mundó, Las reglas monásticas latinas del siglo VI y la lectio divina, in: SM 9 (1967) 229-235

[46] Praecepta, 139, ed. A. Boon, Pachomiana Latina, Lovaina 1932, 50

[47] A. de Vogüé, La Règle du Maître, I (SC 105), Paris 1964, 37

[48] siehe: J. Rousse, Lectio Divina, in: DS 9, 481-486

[49] siehe: Lectio Divina et lecture spirituelle, II, De la Lectio Divina à la lecture spirituelle (H.J. Sieben) und III, La lecture spirituelle à la période moderne (A. Boland), in: DS 9, 487-510

[50] La 'Lectio Divina' des origines du cénobitisme à saint Benoît et à Cassiodore, Paris 1925

[51] L' ascèse bénédictine des origines à la fin du XIIe siècle, Paris-Maredsous 1927

[52] Hieronymus, Com. in Is., Prol.

[53] Ambrosius, De officis ministrorum, 1,20,88

[54] siehe: P. Catry, Lire l' Écriture selon saint Grégoire le Grand, in: CC 34 (1972) 177-179

[55] A. Mundó, Las reglas monásticas latinas del siglo VI y la lectio divina, in: SM 9 (1967) 245

[56] A. de Vogüe, La Règle de saint Benoît, VII, commentaire doctrinal et spirituel, Paris 1977, 345

[57] G. Bessière, Jesús inasible, Salamanca 1975, 95

[58] Cuadernos monásticos 11 (1976) 390

[59] W. Yeomans, St. Bernard of Clairvaux, in: The Month N.S. 23 (1960) 273

[60] Johannes Chrysostomus, De statuis, hom. 1: PG 49,18

[61] Basilius von Caesarea, In ps 48: PG 55,513

[62] Johannes Chrysostomus, De Lazaro 3,1-2

[63] Gregor der Große, Hom. in Ez. 1,10,3; Ep. 2,52; Mor. 1,21,29; 2,1,1; 17,29,43; 65,6; Hom. in Ez. 1,10,1; 2,3,18; Super Cant., prooemium, 5

[64] Origenes, In Ex. hom. 12,2

[65] zitiert bei M. Magrassi, La preghiera a Cluny e a Cîteaux, in: C. Vagagnini, G. Penco und Mitarbeiter, La preghiera nella Biblia e nella tradizione patristica e monastica, Rom (1964), 645

[66] Zweites Vatikanisches Konzil, Dei Verbum, 21

[67] Zweites Vatikanisches Konzil, Sacrosanctum Concilium, 7

[68] Hieronymus, In Is, Prol. 1

[69] P. Evdokimov, La mujer y la salvación del mundo, Salamanca 21980, 13

[70] Hieronymus, Tract. de ps. 131

[71] Hieronymus, Tract. in Marci Evang., 4

[72] Gregor der Große, hom. in Ez. 13,3

[73] Zweites Vatikanisches Konzil, Dei Verbum, 21

[74] Ebd., 26

[75] siehe vom gleichen Autor: Gemeinsames Leben (span. Übersetzung: Vida en comunidad, Buenos Aires, 1976, 79-82). Die Übersetzerin konnte das Zitat von Bonhoeffer im deutschen Originalwortlaut nicht finden.

[76] zitiert bei: L.-A. Lassus, Quand Dieu parle, in: VS 129 (1975) 343

[77] Gregor der Große, Mor. 23,19,34

[78] Ebd., In Reg. 3,1,9

[79] D. Stanley, Sugerencias para un enfoque de la lectio divina, in: Cuadernos monásticos 11 (1976) 402-403

[80] Ep. ad Diognetum 11,4

[81] Ignatius von Loyola, Geistliche Übungen, 104

[82] D. Stanley, s.o., 402

[83] Athanasius, Vita Antonii, 2

[84] siehe: V. Grumel, Acémètes, in: DS 1,164-172

[85] Sainte Thérèse de l' Enfant-Jésus et de la Sainte-Face, Histoire d' une âme. Manuscrits autobiographiques, Paris 1973, 236-237

[86] Ebd., Derniers entretiens, Paris 1971, 308

[87] Bernhard von Clairvaux, Sup. Cant. 83,4

[88] Cuadernos monásticos 11 (1976) 390

[89] in: CC 38 (1976) [18]

[90] Diese und zahlreiche ähnliche Gedanken finden sich im hervorragenden Aufsatz einer zisterziensischen Nonne aus Clairefontaine, M.P. De Grox, Pour un savoir monastique, in: CC 31 (969) 210-219

[91] Johannes Chrysostomus, In Matth, hom. 68,4

[92] Johannes Chrysostomus, Comparatio regis et monachi, 2: PG 47,389

[93] Johannes Chrysostomus, In Gen. 21,1: PG 53,341

[94] Gregor der Große, Ep. 4,31

[95] zitiert bei: Cristina de la Cruz de Arteaga, La lectio divina, fundamento de la oración y de la vida monástica a la luz de los consejos de San Jerónimo, Cuadernos monásticos 11 (1976) 344

[96] N. Kasantzakis, Cristo de nuevo crucificado, Barcelona 1976, 202

[97] Ebd., 204

[98] A. Carrel, La oración, Buenos Aires 1958, 15-16

[99] Ebd., 16

[100] Brief XVIII an ihre Schwester Celine, in: Sainte Thérèse de l' Enfant Jésus, Histoire d' une âme, Lisieux s.f., 339

[101] H. Zahrnt, Die Sache mit Gott, München 1966, 262

[102] Ebd., 269

[103] P. Evdokimov, Ortodoxia, Barcelona 1968, 42

[104] So im veröffentlichten Text in: Sainte Thérèse de l' Enfant Jésus, Histoire d' une âme, Lisieux, s.f., 169. Der Text der originalen Manuskripte ist etwas anders; siehe in: Sainte Thérèse de l' Enfant Jésus et de la Sainte-Face, Histoire d' une âme, Manuscrits autobiographiques, Paris 1973, 257-258

[105] Brief VIII an Mutter Agnes von Jesus, in: Sainte Thérèse de l' Enfant Jésus, Histoire d' une âme, Lisieux, s.f., 349-350

[106] Sainte Thérèse de l' Enfant Jésus et de la Sainte-Face, Histoire d' une âme, Manuscrits autobiographiques, Paris 1973, 296

[107] Isidor von Sevilla, Sententiae 3,15

[108] Origines, Brief an Gregor Taumaturgus, 4; vgl. In Joannem 1,6

[109] Basilius von Cäsarea, De baptismo 1,2,6; In ps. 14, 2

[110] Wilhem von Saint-Thierry, Ep. ad fratres de Monte Dei, 123

[111] Hieronymus, Ep. 22,25

[112] Arnold de Bohéries, Speculum monachorum: PL 184, 1175

[113] A. Southey, La lectio divina, in: Cistercium 31 (1979) 8

[114] I. Aranguren, Realización humana de una vida en exclusiva para la oración, in: Surge 30 (1972) 258

[115] zitiert bei: J. Rezác, Lectio divina, 1, In Oriente, in: DIP 5,562

[116] Zweites Vatikanisches Konzil, Dei Verbum, 11

[117] Origenes, In Lev. 4,1

[118] F. van de Meer, San Agustín, pastor de almas, Barcelona 1965, 566-567

[119] siehe: Cassian, Inst. 5,35; Coll. 14,10 und 11

[120] Gregor der Große, Hom. in Ez. 1,7,9. Vgl. Mor. 20,1,1; Hom. in Ez. 1,7,16; 2,5,4

[121] J. Ortega y Gasset, El espectador (Auszug. Biblioteca básica Salvat de libros RTV, 4) Madrid 1969, 34

[122] Ch. Péguy, Le porche du mystère de la deuxième vertu, Paris 1929, 106, 132

[123] A.-M. Besnard, Il faut répondre, in: VS 129 (1975) 359-360

[124] L. Bouyer, Diccionario de teología, Barcelona 1968, s.v. Tradición

[125] P. Evdokimov, Ortodoxia (Barcelona 1968), 204

[126] Der Begriff 'proséchein' charakterisiert bei Origenes die theía anágnosis. So zum Beispiel in: Hom. in Ex 12,1-2; In Lev 5,5; 6,6; 12,4

[127] Verba seniorum: PL 73,933

[128] Cassian, Coll. 10,10

[129] Ebd., 4,2

[130] A. Ruiz de Virués, Carta del intérprete de estos colloquios a un padre de la Orden de Sant Franciso, guardián de Alcalá de Henares, sobre ciertas cosas que contra Erasmo dixo. Diesen Brief stellte er in Form eines Prologs den „Colloquios familiares compuestos en latín por el muy excelente varón Desiderio Erasmo Roterodamo" … voran; ohne Orts-, Jahres- und Seitenangabe.

[131] A.-M. Besnard, Propos intempestifs sur la prière, Paris 1969, 154

[132] H. U. von Balthasar, Das betrachtende Gebet, Einsiedeln 1965, 16/17

[133] Hieronymus, Ep. 60,10

[134] Regula Ferioli, 29

[135] Gregor der Große, In Reg., proem. 3

[136] Gregor der Große, Mor, 20,1,1

[137] Gregor der Große, Hom. in Ez. 1,6,1

[138] Gregor der Große, Mor. 18,1

[139] Origenes, Hom. in Gen. 10,2

[140] J.-M. Delvaux, Lectio Divina, in: CC 33 (1971) 105

[141] Cuadernos monásticos, 11 (1976) 390

[142] D. Bonhoeffer, Gemeinsames Leben, München 1966, 67

[143] Cassian, Inst. 5,35; Coll. 14,10 und 11

[144] Cassian, Coll. 14,9

[145] Ebd., 14,11

[146] P. Evdokimov, Ortodoxia, [Barcelona 1968], 203

[147] E.F. Pironio, Vorwort zum Buch von P. Alurralde, Tomando por guía al Evangelio, Flórida 1974

[148] A. Southey, La lectio divina, in: Cistercium 31 (1979) 77

[149] siehe: CC 38 (1976), [20]

[150] Gregor der Große, Mor. 16,35,43

[151] Ebd., 6,10,12

[152] I. Aranguren, Realización humana de una vida en exclusiva para la oración, in: Surge 30 (1972) 258

[153] A. Southey, s.o., 7

[154] Gregor der Große, Mor. 18,39,60

[155] zitiert bei: P. Evdokimov, Ortodoxía, 203

[156] Augustinus, Confess, 6,3,3

[157] Die neun Arten zu beten des heiligen Dominikus, in: M.-H. Vicaire, Saint Dominique de Caleruega d' après les documents du XIIIe siècle, Paris 1955, 269-279

[158] L.-A. Lassus. Quand Dieu parle, in: VS 129 (1975) 345-346

[159] Bernard Ayglier, Speculum monachorum, Verl. H. Walter, Freiburg im Breisgau 1901, 200

[160] G. M. Colombás, El monacato primitivo, II, Madrid 1975, 357

[161] Cassian, Coll., 14,10

[162] Basilius von Cäsarea, Ep. 283; PG 32,1019

[163] Benediktinischer Äbtekongress 1967, in: Cuadernos monásticos 11 (1976) 390

[164] Origenes, Hom. 13 in Ex., 3

[165] I. Aranguren, Realización humana de una vida en exclusiva para la oración, in: Surge 30 (1972) 258

[166] Evagrius Ponticus, Practicós, 6: PG 40, 1224

[167] L. Alonso Schökel, Sprache Gottes und der Menschen, 267

[168] Hieronymus, Ep. 53,10

[169] Hieronymus, Ep. 30,13

[170] Für die 'Melete' oder 'Meditatio' siehe: E. von Severus, Das Wort meditari im Sprachgebrauch der Heiligen Schrift, in: Geist und Leben 26 (1953) 365-375; H. Bacht, 'Meditatio' in den ältesten Mönchsquellen, ebd., 28 (1955) 360-373; A. de Vogüé, Les deux fonctions de la méditation dans les Règles monastiques anciennes, in: Revue d' histoire de la spiritualité 51 (1975) 3-16; F. Ruppert, Meditatio-Ruminatio. Une méthode traditionelle de méditation, in: CC 39 (1977) 81-93

[171] A. Chouraqui, Entends, Israel! in: VS 129 (1975) 799-801

[172] Ebd., 801

[173] J. B. Lotz, Einübung ins Meditieren am Neuen Testament, Frankfurt 1965, 112

[174] A. Louf, Seigneur, apprends-nous à prier, Brüssel 1972, 73

[175] F. Ruppert, s.o., Fußnote 170

[176] Texte in G.M. Colombás, El monacato primitivo II., Madrid 1975, 79-80

[177] Les Sentences des Pères du Désert, troisième recueil, Solesmes 1976, 148-149

[178] Cassian, Coll. 14,10

[179] Caesarius von Arles, Reg. ad virg., 20

[180] Ebd., 22

[181] Wilhelm von Saint-Thierry, Ep. ad fratres de Monte Dei, 122: SC 223, 241

[182] Zitiert bei H. von Mangoldt, Meditation und Kontemplation in christlicher Tradition, Weilheim 1966, 21. (Das Zitat entspricht nicht dem deutschen Wortlaut, da die Übersetzerin die Quelle nicht finden konnte.)

[183] J. Leclerq, Cultura y vida cristiana. Iniciación a los autores monásticos medievales. Salamanca 1965, 94

[184] Guigo II, Großprior der Kartause, Scala claustralium, sive de modo orandi: PL 184, 476

[185] F. Halkin, Sancti Pachomii Vitae Graecae, Brüssel 1932: Vita Prima, 125. Ein Beispiel jener Gespräche siehe ebd., 56-57

[186] Hiperiquius, Mahnung an die Mönche, 61: CC 32 (1970) 249

[187] Johannes Chrysostomus, In Mtth. hom. 68,4

[188] F. van der Meer, Augustinus, pastor de almas, Barcelona 1965

[189] Cuadernos monásticos 11 (1976) 390

[190] F. Vanderbroucke, La lectio divina aujourd' hui, in: CC 32 (1970) 259-259

[191] Evdokimov, Orthodoxie, [Barcelona 1968] 203. (Das Zitat von H.U.v. Balthasar konnte im Originalwortlaut von der Übersetzerin bisher nicht gefunden werden.)

[192] Basilius von Caesarea, Ep. 2,3

[193] Cuadernos monásticos 11 (1976) 404

[194] L.-A. Lassus, Quand Dieu parle, in: VS 129 (1975) 343

[195] A. Southey, La Lectio Divina, in: Cistercium 31 (1979) 6

[196] Hieronymus, Ep. 22, 25

[197] Cassian, Coll. 14, 10

[198] siehe z.B.: Evagrius Ponticus, Antirrheticós, Unzucht, 50

[199] Cassian, Coll. 24, 12

[200] A. Southey, s.o., 4-5

[201] Ebd., 5

[202] Origenes, In Io. 1,6

[203] A. Southey, s.o., 7

[204] Ebd., 8

[205] Ebd.

[206] Au coeur même de l' Église. Une recherche monastique, Desclée de Brouwer, 1966, 131.